GÜTERSLOHER
VERLAGSHAUS

Gütersloher Verlagshaus. Dem Leben vertrauen

Martin Greschat

Philipp *Melanchthon*

Theologe, Pädagoge und Humanist

Gütersloher Verlagshaus

Bibliografische Information der Deutschen Nationalbibliothek

Die Deutsche Nationalbibliothek verzeichnet diese Publikation in der Deutschen Nationalbibliografie; detaillierte bibliografische Daten sind im Internet über http://dnb.d-nb.de abrufbar.

Mix
Produktgruppe aus vorbildlich
bewirtschafteten Wäldern, kontrollierten
Herkünften und Recyclingholz oder -fasern
www.fsc.org Zert.-Nr. SGS-COC-004278
© 1996 Forest Stewardship Council

Verlagsgruppe Random House FSC-DEU-0100
Das für dieses Buch verwendete FSC-zertifizierte Papier *Munken Premium*
liefert Artic Paper Munkedals AB, Schweden.

1. Auflage
Lizenzausgabe 2010 für das Gütersloher Verlagshaus, Gütersloh,
in der Verlagsgruppe Random House GmbH, München
Copyright © 2010 by Palmedia Publishing Services GmbH, Berlin

Umschlagbild: Philipp Melanchthon, Portrait-Gemälde, Öl auf Holz,
Cranach-Werkstatt, Mitte 16. Jahrhundert
Satz: Palmedia Publishing Services GmbH, Berlin
Druck und Einband: Gorenjski Tisk, Kranj
Printed in Slovenia
ISBN: 978-3-579-08091-8

www.gtvh.de

Inhalt

Einführung

Auf dem Marktplatz von Wittenberg stehen, überlebensgroß in Bronze gegossen, Martin Luther und Philipp Melanchthon.[1] Jede Figur erhebt sich auf einem steinernen Sockel und wird von einem neugotischen Baldachin gekrönt, der an frühere Darstellungen von Heiligen in Kirchen erinnert. Vorzüglich bringen diese Monumente das Empfinden des Protestantismus um die Mitte des 19. Jahrhunderts zum Ausdruck: Jede Gestalt steht für sich, getrennt von der anderen. Aber sie gehören doch gleichberechtigt zusammen, wie die ähnliche Form der Darstellung und auch die Größe der Figuren zeigen. Wer genauer hinsieht, erkennt allerdings auch zahlreiche Unterschiede. Tatsächlich ist das Denkmal für Melanchthon rund 40 Jahre jünger, jüngeren Datums ist dementsprechend auch das gegenwärtige Arrangement des gleichrangigen Nebeneinanders von Luther und Melanchthon.

Das von Johann Gottfried Schadow geschaffene Standbild Luthers gehörte zu den ersten öffentlich aufgestellten Denkmälern in Deutschland, die nicht für Herrscher oder Feldherren errichtet wurden. Es trug dann wesentlich dazu bei, dass danach auch Statuen für Repräsentanten anderer Gesellschaftsschichten errichtet wurden. Darin drückte sich das gewachsene Selbstbewusstsein des Bürgertums aus. In Luther feierte man in dieser Zeit der Französischen Revolution und Napoleons den genialen Menschen, den Befreier von feudaler Willkür und nicht zuletzt die Verkörperung der eigenen Bestrebungen und Ideale. Aber dieses Bewusstsein stand in den deutschen Staaten nicht im Widerspruch zur Anerkennung und Hochschätzung der angestammten Monarchie. Insofern war es keine Inkonsequenz, dass der preußische König Friedrich Wilhelm III. Schadow 1806 den Auftrag für das Denkmal erteilte und dass die Grundsteinlegung am 1. November 1817 sowie die Enthüllung des Standbilds am 31. Oktober 1821 jeweils in Gegenwart von Mitgliedern des preußischen Hofes erfolgten.

Sah diese Generation ihre religiösen, politischen und kulturellen Leitbilder, Zielvorstellungen und Wünsche in der Gestalt Luthers verkörpert, begann man um die Mitte des Jahrhunderts zwischen dem Reformator und dem Erzieher Melanchthon, dem Repräsentanten von Bildung und Wissenschaft, dem „Lehrer Deutschlands", zu unterscheiden. Daher war es nur konsequent, dass die führenden geistlichen, politischen und bürgerlichen Kreise Wittenbergs seit 1857 für die Errichtung eines Denkmals für Melanchthon warben, das neben demjenigen Luthers aufgestellt werden sollte. Am 19. April 1860, Melanchthons 300. Todestag, erfolgte die Grundsteinlegung. Friedrich Drake, ein Schüler Rauchs, übernahm die Gestaltung. Am 31. Oktober 1865 fand die Einweihung statt, an der auch Prinz Wilhelm teilnahm, der spätere Kaiser Wilhelm I.

Die beiden Statuen veranschaulichen also auf ihre Weise den Wandel in der Beurteilung Luthers und Melanchthons. Die Hochschätzung Luthers wurde niemals in Frage gestellt. Lediglich in der Zeit der Aufklärung und danach in Westeuropa gab es vereinzelte Stimmen, die den kultivierten Gelehrten Melanchthon höher schätzten als den eruptiven und nicht selten grobschlächtigen Luther. Doch das waren und blieben Ausnahmen. Der Streit ging in aller Regel darum, ob man den Magister Philipp dem Reformator an die Seite stellen dürfe – oder ihn nicht vielmehr tief darunter zu platzieren habe. Was auf den ersten Blick als Lappalie erscheinen mag, besitzt doch tiefere Bedeutung. Denn hierbei handelt es sich um nicht weniger als die Frage nach der Eigenart und dem Wesen der Reformation des 16. Jahrhunderts.

Die große Nähe, warme Freundschaft und intensive Zusammenarbeit der beiden Männer spielte fraglos eine wichtige Rolle. Davon wird hier ausführlich zu berichten sein. Aber dazu gehörten auch Ärger und Enttäuschungen, vielfältige Spannungen und Schmerzen. Melanchthon mühte sich, von der Riesengestalt Luthers nicht erdrückt zu werden, sich ihm gegenüber als ein eigener zu behaupten. Luther bewunderte seinerseits die sprachlichen und intellektuellen Fähigkeiten Melanchthons, seine systematische Kraft. Und er vergaß nie den Beitrag, den der jüngere Kollege für den Aufbau des reformatorischen Kirchenwesens in Kursachsen und darüber hinaus leistete sowie seine pädagogischen Verdienste, angefangen bei der Abfassung von Lehrbüchern über die Errichtung von Schulen bis hin zur Reformierung verschiedener Universitäten. Alles das wird uns im Folgenden ausführlich beschäftigen.

Dabei traten die theologischen Unterschiede zwischen den beiden Führungsgestalten der Wittenberger Reformation zunehmend zutage. Man würde Luther ein sehr schlechtes Zeugnis ausstellen, wollte man behaupten, er habe diese Differenzen nicht bemerkt. Aber er gewichtete sie offenkundig anders als viele Theologen damals und später. Man wird dabei kaum von Alternativen reden können. Es handelte sich vielmehr um theologische Akzentuierungen sowohl im Ansatz als auch in der Durchführung. Daraus konnten Bereicherungen erwachsen, aber ebenso Zwist, Reibereien und Streit. Tatsächlich war beides der Fall. Mir erscheint allerdings die Einsicht wesentlich, dass dieses im theologischen Nebeneinander von Luther und Melanchthon angelegte Spannungsfeld zu den grundlegenden Gegebenheiten der Reformation gehört. Wenn es in der Geschichte der Theologie und der evangelischen Kirche nach der einen oder anderen Seite hin aufgelöst wurde, bleibt zumindest die Frage, ob daraus nicht gravierende Verluste für den Protestantismus erwuchsen.

Die kirchengeschichtliche und systematisch-theologische Arbeit lief seit dem letzten Drittel des 19. Jahrhunderts allerdings zunehmend auf die Aufhebung jener Spannung hinaus. Das „Reformatorische" wurde an Luther festgemacht, dessen Auflösung und Zerstörung an Melanchthon. Schulbildend wirkte auch in diesem Sinn der einflussreiche Göttinger Theologe Albrecht Ritschl. In seinem Hauptwerk „Rechtfertigung und Versöhnung" warf er Melanchthon vor, die Großartigkeit und Tiefe von Luthers Rechtfertigungslehre verflacht und dadurch die lutherische Orthodoxie heraufgeführt zu haben.[2] Diese Orthodoxie stellte für Ritschl und seine zahlreichen Schüler nicht nur den Inbegriff der Verfälschung der Intention Luthers dar, sondern der Fehlentwicklung der evangelischen Theologie und Kirche in den folgenden Jahrzehnten überhaupt. Ritschl plädierte deshalb für die Abkehr von dieser Tradition und eine umfassende Befreiung des Denkens Luthers von der überkommenen Dogmatik. In seinem Festvortrag zum 400. Geburtstag des Reformators erklärte Ritschl: „In dem Gebiete der Cultur nimmt der Staat die erste Stelle ein. Dem nach ist das Verständnis der christlichen Freiheit durch Luther, diese rein religiöse Idee, der Schlüssel für die Richtung, in welche die weltgeschichtlichen Staaten seit mehr als 300 Jahren als Träger eigenthümlicher Cultur ihren Gang genommen haben."[3] Das Reformatorische, zeitlos verstanden, wurde hier zum Prinzip des modernen Macht- und Kulturstaates.

Karl Holl setzte in seinen seit den zwanziger Jahren des 20. Jahrhunderts überaus einflussreichen Lutherstudien die eminente Hochschätzung des Reformators mitsamt der Aburteilung Melanchthons fort.[4] Was Luther dachte, lehrte und schrieb, war das Richtige, das Wahre. Melanchthon setzte demgegenüber angeblich nicht nur andere theologische Akzente oder verfolgte eine eigene pädagogische Zielsetzung, sondern er verfälschte, verdarb: „Melanchthon hat die lutherische Rechtfertigungslehre verdorben."[5] Dabei zielte Holl ebenfalls auf die Hervorhebung der unbedingten Modernität Luthers. Diese richtete sich nun schroff gegen die modernisierenden Elemente des Humanismus und insbesondere gegen die Lutherdeutung von Ernst Troeltsch, der Luthers Theologie weitgehend dem Mittelalter zurechnete: Der Protestantismus jedenfalls bleibe „zunächst in seinen wesentlichen Grundzügen und Ausprägungen eine Umformung der mittelalterlichen Idee, und das Unmittelalterliche, Moderne, das in ihm unleugbar bedeutsam ist, kommt als Modernes erst voll in Betracht, nachdem die erste und klassische Form des Protestantismus zerbrochen und zerfallen war."[6]

Die Schüler Holls radikalisierten die Idealisierung Luthers, indem sie insbesondere seine frühen Arbeiten aus dem historischen Kontext lösten und sie zu grundsätzlichen Aussagen erhoben. Die Forschung konzentrierte sich nun auf den „jungen Luther", und die evangelischen Kirchenhistoriker und Systematischen Theologen begeisterten sich an diesen Gedanken des Reformators, an seinen gärenden Widersprüchlichkeiten, den schroffen Paradoxien, den tiefgründigen Irritationen ebenso wie an den Äußerungen grandioser Überlegenheit und Siegesgewissheit. Auch dabei ging es um die Herausstellung nicht nur der Aktualität der Gedanken Luthers, sondern um die Proklamation seiner zeitlosen Überlegenheit in einer betont ahistorischen Epoche, die sich in der Verachtung alles aufgeklärten und liberalen Gedankengutes gefiel. Gemessen daran bedeutete Melanchthons Theologie nichts. Mehr noch, sie galt bald als oberflächlich, schwächlich – eben humanistisch!

Ernst Wolf hat auf dem Boden der dialektischen Theologie dieses Verständnis Luthers seit Ritschl hart und scharf kritisiert.[7] Aber an der negativen Beurteilung Melanchthons änderte sich nichts. Auch das Lutherbild der meisten Vertreter der dialektischen Theologie basierte auf der weitgehend enthistorisierten Konzeption Luthers und der Reformation als einer von den Begrenzungen und Fragwürdigkeiten der historischen Zusammenhänge abgehobenen Quelle der Wahrheit. Wolf errichtete gegen die nun dem Kulturprotestantismus zugeordnete Lutherrenaissance eine regelrechte theologische und historiografische „Ekelschranke". Diese Theologisierung des Reformators half sicherlich, Verzerrungen und Fehlentwicklungen des Luthertums offen zu legen. Der nationalistische, „deutsche" Luther ließ sich auf diese Weise überzeugend ad absurdum führen. Doch galt das auch im Blick auf die kritische Reflexion der autoritären Züge in der Theologie des Reformators, seine Proklamationen des Unbedingten, der Kompromisslosigkeit? Wurde diese Eigenart nicht vielmehr verstärkt? Hand in Hand damit wurde jedenfalls das Bild des zögerlichen, ängstlichen, wenn nicht sogar feigen Melanchthon weiterhin tradiert.

Für die Verbreitung dieser Anschauung hat nach 1945 niemand so viel getan wie Heinrich Bornkamms „literarische Redseligkeit". Er popularisierte zentrale Motive Karl Holls, fand weiterhin in Luther, „dem Helden Deutschlands [...] etwas zeitlos Gegenwärtiges" und bezeichnete Melanchthon als „unheilvollen Verderber lutherischen Geistes". Dazu passt, dass er ihn auch moralisch herabsetzte.[8] Gegen dieses breitenwirksam vermittelte Bild vermochten Darstellungen wie z. B. diejenige von Robert Stupperich oder Peter Meinhold wenig auszurichten.[9]

Die Voraussetzung dafür, dass sich diese Beurteilung änderte, bildete die Historisierung nicht allein der Reformation, sondern der Theologie Luthers. Erst von dem Zeitpunkt an, als man in ihr nicht mehr den Inbegriff der Moderne sah und das verpflichtende Leitbild schlechthin, bestand die Möglichkeit, Luthers Denken und Tun abgewogen und differenziert zu würdigen. Dasselbe gilt für Melanchthon sowie für das Verhältnis beider Theologen zueinander.

Auch für die heutige evangelische Theologie und Kirche wäre es wohl wichtig, nicht bei der Beschreibung des historischen Beitrags Melanchthons für die Durchsetzung, Ausbreitung und Behinderung der Reformation im 16. Jahrhundert stehen zu bleiben, sondern die von ihm entfaltete theologische Eigenart prinzipiell in Rechnung zu stellen. Es gilt, den an Spannungen reichen Zusammenhang von Luther und Melanchthon ins Bewusstsein zu heben und weiter zu entfalten. Insofern ist es gut und wichtig, dass die Standbilder von Luther und Melanchthon nebeneinander auf dem Marktplatz von Wittenberg stehen – in gleicher Größe, aber voneinander getrennt.

1. Herkunft und Bildungsgang

Das Umfeld

Nah sind Bretten und Pforzheim, Heidelberg und Tübingen sowie Hagenau im Elsass aufgrund des Verkehrssystems unserer Tage aneinander gerückt. Geistig jedoch und vor allem politisch orientieren sich diese Orte an verschiedenen Zentren. Nahezu umgekehrt sah es dagegen um 1500 aus. Die rund 20 Kilometer von Bretten nach Pforzheim und in die umgekehrte Richtung ließen sich zu Fuß gut an einem Tag bewältigen. Ebenfalls einen Tag benötigte der Reisende im Wagen oder zu Pferd für die gut 50 Kilometer von Bretten nach Heidelberg, in die Residenz des Kurfürsten von der Pfalz. Doppelt so lange war unterwegs, wer von Pforzheim nach Heidelberg oder Tübingen ritt oder fuhr. Und die Reise von der Universitätsstadt Tübingen bis nach Hagenau dauerte wohl eher drei als zwei Tage. Doch in geistiger und kultureller Hinsicht handelte es sich hier um einen weitgehend einheitlichen Raum. In diese Welt wurde Philipp Schwarzerdt, der dann unter dem Namen Melanchthon Bekanntheit und Berühmtheit erlangte, an der Wende zum 16. Jahrhundert geboren.[10]

Seine Wiege stand in Bretten, genauer: im stattlichen Haus des Großvaters Hans Reuter am Markt. Die kurpfälzische Amtsstadt Bretten zählte damals knapp 2.000 Einwohner. Sie lag an einer Handelsstraße, die vom Rhein in die Region am mittleren Neckar führte und weiter zu den süddeutschen Reichsstädten Esslingen, Ulm und Augsburg. Hans Reuter handelte mit Textilien. Er gehörte zu den wohlhabendsten und angesehensten Bürgern der Stadt. Seine Tochter Barbara wurde Melanchthons Mutter. Der Vater Georg Schwartzerdt war Waffenschmied und Spezialist für Rüstungen, außerdem Fachmann für Kanonen und das Artilleriewesen. Kurfürst Philipp der Aufrichtige von der Pfalz hatte die handwerkliche Spezialisierung und technische Ausbildung Schwartzerdts gefördert. Daraus hatte sich eine gewisse persönliche Beziehung ergeben. Der Kurfürst war es, der die Ehe zwischen seinem inzwischen fünfunddreißigjährigen Rüstmeister und der sechzehn Jahre alten Barbara Reuter vermittelte. 1493 fand die Hochzeit in Speyer statt, am 16. Februar 1497 wurde Melanchthon als erstes Kind geboren und erhielt zu Ehren des Kurfürsten den Vornamen Philipp. Später folgten noch ein Bruder, Georg, sowie die Schwestern Anna, Margarete und Barbara.

Da der Vater beruflich viel unterwegs war, wuchs der junge Philipp mit seiner Mutter und den Geschwistern im Haus des Großvaters auf. Der erkannte auch die sprachliche Begabung des Jungen und förderte sie zielbewusst. Durch den Hauslehrer Johannes Unger aus Pforzheim gelangte Melanchthon schnell über die Anfangsgründe des Lateinischen hinaus und beherrschte diese Sprache bald glänzend. Der Neulateiner Baptista Mantuanus wurde gelesen, analysiert und als Grundlage von Disputationen genutzt. Daneben standen Vergil, Horaz und Ovid auf dem Lehrplan.

Während die Ausbildung des Sohnes also beeindruckende Fortschritte machte, siechte der Vater dahin. 1504 kam er als kranker Mann nach Bretten zurück. Es hieß, er habe aus einem von Feinden vergifteten Brunnen getrunken. Aber mindestens ebenso wahrscheinlich ist, dass er durch den ständigen Umgang mit giftigen

Chemikalien in seinem Beruf erkrankte. Nach jahrelanger Krankheit starb er am 27. Oktober 1508. Wenige Wochen zuvor war der Großvater gestorben. Zusammen bildeten die beiden Ereignisse einen klaren Einschnitt in Melanchthons Leben. Mit seinem Bruder besuchte er nun die berühmte Lateinschule in Pforzheim und wohnte bei Elisabeth, der Schwester des hochgeschätzten Juristen und Humanisten Johannes Reuchlin. Die mütterliche Frau war eine entfernte Verwandte. Melanchthons Schwestern blieben bei der Mutter, die bald wieder heiratete, in dritter Ehe schließlich Melchior Hechel, den Wirt des Gasthauses „Zur Krone" in Bretten. Die Ehe war damals in hohem Maß auch eine Institution zur Versorgung alleinstehender Frauen. 1529 ist sie gestorben.

In Pforzheim vervollkommnete Melanchthon nicht nur seine Kenntnisse der lateinischen Sprache, sondern begann, angeleitet von Georg Simler, dem Rektor der Schule, auch Griechisch zu lernen. Simler spielte in Deutschland bei den Bemühungen um die Verbreitung dieser Sprache eine führende Rolle. Dabei orientierte er sich entschieden an seinem Lehrer Johannes Reuchlin. Der war jetzt und in der nächsten Zeit auch das große Vorbild Melanchthons. Die volle Bedeutung des politisch einflussreichen Juristen und glanzvollen Vertreters des frühen deutschen Humanismus erfasste der junge Philipp damals wohl kaum. Reuchlin hatte als Geheimsekretär des württembergischen Grafen Eberhard im Bart gewirkt und war von 1502 bis 1512 der oberste Richter des Schwäbischen Bundes. Gleichzeitig galt er aufgrund seiner Studien zur Textkritik, zu Grammatiken und Lexika sowie seinen literarischen Veröffentlichungen, insbesondere zum Griechischen und Hebräischen, als die Galionsfigur der von den Humanisten angestrebten Befähigung, sich durch die Kenntnis der drei Sprachen der klassischen Vergangenheit die geistige Welt der Antike so umfassend wie eigenständig anzueignen.

Reuchlins spezielles Interesse an der jüdischen Mystik, der Kabbala, fand dagegen deutlich weniger Nachahmung. Das galt eindeutig für Melanchthon. Ihn faszinierte zuerst und vor allem der Kenner der Sprachen, der Philologe Reuchlin.

Der verfolgte seinerseits sorgfältig die Fortschritte des knapp Zwölfjährigen. Als Belohnung für Melanchthons Kenntnisse und Dank für einige lateinische Verse schenkte Reuchlin ihm am 15. März 1509 die griechische Grammatik des Konstantin Laskaris, verbunden mit der ehrenvollen Gräzisierung des Namens Schwartzerdt zu Melanchthon (Genitiv: melanos = schwarz, chthonos = Erde), eine etymologisch falsche Ableitung, die jedoch die Aufnahme in den Kreis der Humanisten bedeutete. Der junge Philipp hat diesen Namen seitdem dauerhaft getragen. Aufgrund eines kleinen Sprachfehlers benutzte er allerdings zunehmend (und seit 1531 ausschließlich) die vereinfachte Form „Melanthon".

Trotz seiner herausragenden Begabung war Melanchthon kein Einzelgänger. Er gewann in Pforzheim unter seinen Mitschülern Freunde, mit denen er lebenslang verbunden blieb. Dazu gehörten der bedeutende Gräzist Simon Grynäus, der dann in Heidelberg lehrte, der Historiker und Theologe Caspar Hedio sowie der Jurist Nikolaus Gerbel, die später beide in Straßburg wirkten.

Heidelberg

Am 14. Oktober 1509 wurde Melanchthon an der Universität Heidelberg immatrikuliert. Dass er mit 12 Jahren zur Universität ging, war auch damals nicht die Regel, aber keineswegs so einmalig, wie es heute erscheint. Es mag sein, dass diese Stadt Melanchthon deshalb anzog, weil sein Vater hier gewirkt hatte. Wahrscheinlicher ist, dass der junge Philipp dem Rat Reuchlins folgte. Der hatte hier

vor Jahren zum Kreis der „Rheinischen Literarischen Gesellschaft"
(Sodalitas litteraria Rhenana) gehört und mit Persönlichkeiten wie
Rudolf Agricola, Konrad Celtis, Bischof Johann von Dalberg oder
Johannes Trithemius Heidelberg zu einem Zentrum des frühen
deutschen Humanismus gemacht. Dieser Glanz war inzwischen
verblichen. Aber Reuchlins Freund, der Theologieprofessor Pallas
Spangel, einer der gebildetsten und einflussreichsten Männer in der
Stadt, lebte noch. Bei ihm und nicht in einer Burse, in der die Studenten wohnen mussten, fand Melanchthon Unterkunft. Er diente
dem alten Gelehrten als Famulus, wodurch der Junge nicht nur vielfältige geistige Anregungen erhielt, sondern auch die Bekanntschaft
angesehener Humanisten machte. Dazu sogleich mehr.

Überliefert ist, dass Melanchthon mit Spangel die Horen betete, also die für Kleriker vorgeschriebenen Stundengebete. Auch in
dieser Hinsicht wurzelte der Junge sehr selbstverständlich in der
spätmittelalterlichen Frömmigkeit. Sie prägte auch den Alltag in
der Lateinschule sowie in den nahezu klösterlich organisierten stu-
dentischen Bursen. Es macht wenig Sinn, den damals propagierten
Gegensatz von Scholastik und Humanismus zu wiederholen. Der
ältere deutsche Humanismus kritisierte nicht die Lehre der Kirche
oder dogmatische Auseinandersetzungen, sondern wandte sich gegen scholastische Spiegelfechtereien mitsamt dem hölzernen Stil
und barbarischem Latein. Stattdessen sollte nach dem Gewinn der
Beschäftigung mit der Dogmatik gefragt werden; auf ihre Nutzan-
wendung kam es an. Das heißt: Es ging jenem Humanismus um
Pädagogik mit dem Ziel vor allem der Besserung des Menschen.
Dabei gehörten nach der Überzeugung jener Humanisten Sprache
und Ethos zusammen, vorbildliches sittliches Handeln ließ sich nur
realisieren, wenn es gelang, das literarische und moralische Vorbild
der Antike wiederherzustellen. Erfüllt von dieser Auffassung lebte

auch Melanchthon. Und sie schloss eine persönliche Frömmigkeit mit ein, die zudem geprägt war vom Beispiel der Ergebung seines streng kirchlich gesinnten Vaters in sein Leiden, von den Eindrücken am Sterbebett Spangels und nicht zuletzt vom Festhalten seiner Mutter am alten Glauben.

Wie jedes Mitglied der mittelalterlichen Universität musste auch Melanchthon zunächst das Grundstudium absolvieren, bevor er sich einer der drei höheren Fakultäten, nämlich Theologie, Jura oder Medizin, zuwenden konnte. Das Grundstudium in der Artistischen Fakultät, benannt nach den so genannten sieben freien Künsten (Artes liberales) gliederte sich in zwei aufeinander folgende Abschnitte: Im Anschluss an das Trivium, in dem der Studierende in Grammatik, Dialektik und Rhetorik unterrichtet wurde, lernte er im Quadrivium die Grundzüge der Arithmetik, Geometrie, Astronomie und Musik. Durchweg wurde der Stoff aufgrund offiziell festgelegter Lehrbücher vermittelt. Ihre Basis bildeten die logischen Schriften des Aristoteles, d. h. sein „Organon". Diese wurden das gesamte Mittelalter hindurch wieder und wieder kommentiert, wobei sich im Zuge des erkenntnistheoretischen „Universalienstreites" zwei Hauptrichtungen herausbildeten, die man als die „via antiqua" oder „via moderna" bezeichnete. Dabei ging es, vereinfacht ausgedrückt, um die Frage, was das Ursprüngliche sei: Das Sein, von dem her sämtliche Realitäten deduktiv erkannt und erfasst würden – oder das konkrete Einzelne, von dem aus man induktiv zu allgemeinen Aussagen und Begriffen gelangte. Thomas von Aquin war die große theologische Autorität der erstgenannten Richtung, des „Realismus", der in der via antiqua gelehrt wurde. Zu den theologischen und philosophischen Vertretern der anderen Auffassung, d. h. des „Nominalismus", gehörte vor allem Wilhelm von Ockham. In Heidelberg konnte sich der Student für einen der beiden „Wege" entscheiden. Melanchthon wählte die via antiqua, wahrscheinlich weil das auch die Richtung Spangels und Reuchlins gewesen war. Nach knapp zwei Jahren schloss Melanchthon das Studium des Triviums mit dem Examen am 18. Juni 1511 ab. Er war jetzt Baccalaureus artium und hatte damit die unterste Stufe in der akademischen Hierarchie erreicht.

Doch viel spricht dafür, dass Melanchthon die Lektüre antiker Autoren mit Freunden – zu denen u. a. die späteren Reformatoren Johannes Schwebel, Johannes Brenz und Erhard Schnepf sowie der Jurist Theobald Billican gehörten – erheblich höher schätzte als den Schulbetrieb. Das gilt erst recht für die Begegnung mit berühmten humanistischen Persönlichkeiten, wie z. B. Rudolf Agricola oder Jakob Wimpfeling, die Reuchlin Melanchthon indirekt und Spangel direkt vermittelten. Melanchthons erste Veröffentlichungen, kurze Voten und vor allem kleine Gedichte, erschienen 1511 in Wimpfelings Büchern.

Tübingen

Im Sommer 1512 verließ Melanchthon Heidelberg. Dass er wegging, weil die Universitätsverwaltung ihn wegen seiner Jugend zunächst zurückwies, ist nicht belegt. Viel wahrscheinlicher ist, dass der Tod seines Gönners Spangel am 17. Juli 1512 den Ausschlag gab. Melanchthon zog also nach Tübingen, wo er am 17. September immatrikuliert wurde. Hier absolvierte er den zweiten Teil des Grundstudiums, das Quadrivium, das er am 25. Januar 1514 mit der Erlangung des Magistergrades abschloss – und zwar in der via moderna. Da es auch in Tübingen beide Richtungen gab, handelte es sich offenkundig um eine bewusste Entscheidung Melanchthons. Er ist in der Tat sein Leben lang Nominalist geblieben.

Als Student und danach als Magister wohnte und arbeitete Melanchthon jetzt in der großen Burse am Rande der Altstadt. Hier lebten und beteten, aßen und schliefen die Studierenden, disputierten, scherzten und stritten sich. Entsprechend der mittelalterlichen Regel, wonach die im Studium Fortgeschrittenen die jeweils Jüngeren zu unterrichten hatten, studierte nun auch Melanchthon weiter, vermutlich in der Theologischen Fakultät, und hielt gleichzeitig Vorlesungen über Dialektik und Rhetorik, Bereiche des Triviums also. Die theologischen Vorlesungen fand er öde. Wie in Heidelberg konzentrierte er sich zunehmend auf eigene Studien und selbst gewählte Lektüre. Die erneute Begegnung mit Simler, der jetzt Jura studierte, nutzte Melanchthon zur Intensivierung seiner griechischen Sprachkenntnisse. Die mathematischen, astrologischen und astronomischen Vorlesungen von Johannes Stöffler beeindruckten ihn sodann tief und dauerhaft.[11] Neben Sprachen und Philologie beschäftigte sich Melanchthon mit Geschichte. Auch hier ist der Einfluss Reuchlins unverkennbar. Theoretische und praktische Erfahrungen konnte Melanchthon auf allen diesen Gebieten ferner als Korrektor in der Druckerei von Thomas Anshelm in Tübingen sammeln, wo er von 1514 bis 1516 mitarbeitete.[12] Anshelm druckte, ganz im Geist und Sinn von Reuchlin, neben dessen Werken besonders griechische und hebräische, aber auch lateinische Grammatiken, Lexika und die entsprechenden Lehrbücher. Melanchthon merzte nun nicht nur Druckfehler aus, sondern überprüfte auch Sprache und Inhalt der Manuskripte. 1518 hielt sich der junge Magister einige Wochen in Hagenau auf, wohin Anshelm seine Druckerei verlegt hatte. Mindestens an elf Publikationen dieser Offizin war Melanchthon beteiligt, zu einzelnen hat er eigene Vorreden sowie Gedichte beigesteuert.

Immer wieder begegnen wir Reuchlin als Anreger und Förderer Melanchthons. Nicht nur in formaler, sprachlicher Hinsicht, sondern auch inhaltlich, insbesondere im Blick auf die Vermittlung des Gedankengutes des Neuplatonismus der Renaissance, übte er einen beträchtlichen Einfluss auf den jungen Gelehrten aus. Auch deshalb stand Melanchthon ganz selbstverständlich im Streit um die Vernichtung jüdischer Bücher an der Seite Reuchlins. Der Konvertit Johannes Pfefferkorn in Köln forderte die Verbrennung jener Schriften, voran des Talmuds, weil sie angeblich Christus lästerten. Theologische Fakultäten stimmten diesem Urteil zu, ohne über hinreichende Kenntnisse der Materie zu verfügen. Kaiser Maximilian I. forderte daraufhin 1509 ein Gutachten von Reuchlin. Der erklärte sich gegen die Vernichtung – und löste damit einen großen literarischen Streit aus, der insofern grundsätzlichen Charakter gewann, als die Kölner Dominikaner unter der Führung des Inquisitors Jakob Hoogstraeten auf die Seite Pfefferkorns traten, während der Kreis der Humanisten Reuchlin verteidigte. Im Zuge dieser Auseinandersetzungen stellte dieser eine Sammlung von Briefen bedeutender Persönlichkeiten (Epostolae clarorum virorum) zu seiner Verteidigung zusammen. Melanchthons erste Tätigkeit als Korrektor bei Anshelm bestand jetzt darin, dieses Werk für den Druck einzurichten. In einer eigenen Vorrede pries Melanchthon Reuchlin als das große Vorbild in Sprache und Kultur. Durch dessen Vermittlung wurde Melanchthon im Sommer 1514 auch zum Tutor für die soeben immatrikulierten Jungen Ludwig und Friedrich von Löwenstein bestellt, die einer Nebenlinie des Kurfürstenhauses entstammten.

1516 veröffentlichte Melanchthon bei Anshelm einen Band mit Komödien des antiken Dichters Terenz.[13] Dabei handelte es sich allerdings nicht um eine gründliche Bearbeitung, sondern lediglich um die mit einem Vorwort versehene Ausgabe eines bereits vorliegenden Textes. Trotzdem nahm Erasmus diese Edition zum Anlass, um Melanchthon im Anhang einer soeben erschienenen Publikation in den höchsten Tönen zu loben: „Großer Gott, welche Hoffnung erweckt nicht auch Philipp Melanchthon, gerade ein Jüngling, ja fast noch ein Knabe, bewundernswert fast gleichermaßen durch beide Sprachen! Welche Schärfe der Erfindung! Welche Reinheit und Zierlichkeit der Rede! Wie viel Erinnerung an abgelegene Dinge! Welch vielseitige Belesenheit! Welch gedämpfte Feierlichkeit einer wahrhaft königlichen Begabung!"[14] Man hat den Einruck, dass Erasmus allerdings weniger Melanchthon meinte, als vielmehr Reuchlin zu schmeicheln suchte, dessen Stolz auf den jungen Gelehrten bekannt war.

Selbstverständlich faszinierte der kultivierte Stilist Erasmus auch Melanchthon. Zweifellos las, studierte und bewunderte er dessen pädagogische, sprachliche und rhetorische Werke. Doch wir erfahren nicht, dass Melanchthon durch diese Veröffentlichungen eine neue Weltsicht gewonnen hätte, etwa verbunden mit der Abkehr vom kirchlichen Zeremonienwesen und der Hinwendung zur personalen ethischen Nachfolge Jesu – wie sie der große Niederländer proklamierte.

Im Mai 1518 schließlich brachte Melanchthon eine eigene griechische Grammatik heraus. Ihr Erfolg basierte auf dem pädagogischen Geschick des Verfassers, der sich durchgängig selbst als Lernender und Fragender mit einbrachte. Das Buch war unverkennbar aus der Praxis seiner Lehrveranstaltungen in Tübingen erwachsen. Dazu gehörte auch die Fülle antiker Zitate, mit denen Melanchthon regelrecht um sich warf. Es darf bezweifelt werden, dass er alle diese Autoren tatsächlich gelesen hat. Doch darum ging es Melanchthon nicht, sondern um die Ausbreitung des Reichtums der antiken Literatur. Wie damit umzugehen wäre, skizzierte er 1517 in einer festlichen Rede „Über die freien Künste" (De artibus liberalibus). Von diesen sieben pries Melanchthon besonders die Dialektik sowie die Arithmetik. Da er eingangs auf die neun Musen Bezug genommen hatte, waren noch zwei Plätze zu besetzen, die er der Geschichte und der Poesie zuwies. Gewidmet waren diese Ausführungen dem geliebten Lehrer Stöffler. Sie belegten einerseits die Gelehrsamkeit des Autors; doch zum andern auch, dass er noch nach den verschiedensten Seiten hin ein Tastender und Suchender war.

Wieder gewann Melanchthon auch in Tübingen Freunde, mit denen er lebenslang verbunden blieb. Ambrosius Blarer gehörte dazu und vor allem Johannes Oekolampad. Dieser war von Reuchlin beeinflusst und arbeitete dann in Basel eng mit Erasmus zusammen. Aber alle diese Beziehungen und Verbindungen hinderten nicht, dass Melanchthon der Raum an der Universität zu eng wurde. Als Magister hatte er den geistigen Bereich, der hier möglich war, nach allen Seiten hin abgeschritten. Zunehmende Unzufriedenheit war die Folge. Melanchthon wollte Anderes und mehr. Noch einmal verhalf ihm dazu Reuchlin.

2. Die ersten Wittenberger Jahre

Die Ankunft

Der sächsische Kurfürst Friedrich III., der den Beinamen „der Weise" trug, hatte die kaiserliche und dann auch die päpstliche Bestätigung seiner 1502 gegründeten Universität Wittenberg erreicht. Bei der endgültigen Teilung des Gebietes der Wettiner (1495) erhielten die Ernestiner zwar den Kreis Wittenberg und damit die Würde eines Kurfürsten, aber die wohlhabende Handelsstadt Leipzig mitsamt der dortigen angesehenen Universität ging an die Albertiner. Zum Wettstreit der beiden verwandten Linien, der die folgenden Jahrzehnte durchzog, gehörte deshalb auch das Streben der Ernestiner nach einer eigenen Universität. 1502 war es so weit. 1512 wurde Martin Luther dorthin als Theologieprofessor berufen. Nicht zuletzt aufgrund seiner sowie Karlstadts und Amsdorfs Anregungen fanden im Frühjahr 1516 und noch einmal im September 1517 kurfürstliche Visitationen der Universität unter der Leitung Georg Spalatins statt, des fürstlichen Hofkaplans und Vertrauten Friedrichs, die in eine ausführliche Besprechung mit den Mitgliedern der Theologischen Fakultät mündeten. Daraufhin beschloss der Kurfürst, mehrere neue Professuren einzurichten, darunter eine für die griechische und eine andere für die hebräische Sprache und Literatur. Um diese Stellen bestmöglich zu besetzen, wandte er sich am

30. März 1518 an den berühmten Gelehrten Johannes Reuchlin und bat ihn um Vorschläge.[15] Spalatin, auch Luther, hätten die griechische Professur gern mit Petrus Mosellanus besetzt gesehen, einem erfahrenen Praktiker, der an der Leipziger Universität lehrte. Reuchlin empfahl jedoch mit Nachdruck Melanchthon als den eindeutig besten Kandidaten.[16] Für die Stelle des hebräischen Dozenten nannte er Johannes Oekolampad oder den ebenfalls in Basel tätigen Konrad Pellikan. Der Kurfürst berief daraufhin Melanchthon. Hocherfreut informierte Reuchlin seinen Musterschüler über diese Entscheidung. Doch auch ein wenig Wehmut über die anstehende Trennung von Melanchthon mischte sich in diese Mitteilung: „Ich will in diesem Moment nicht in der Sprache der Poesie zu Dir reden, sondern will die Verheißung zitieren, die Gott dem getreuen Abraham gab: ‚Gehe aus deinem Vaterland und von deiner Freundschaft und aus deines Vaters Haus und komme in ein Land, das ich dir zeigen werde, und ich werde dich zum großen Volk machen und dich segnen und werde deinen Namen groß machen und du wirst gesegnet sein.' So weit Genesis 12. So ahnt mir, und so hoffe ich, wird es Dir ergehen, mein Philipp, mein Werk und mein Trost. Geh also mit frohem und heiterem Gemüt."[17] Den Kurfürsten ließ Reuchlin wissen, dass der junge Professor im Herbst kommen werde, weil er dann mit den Kaufleuten reisen könne, die auf dem Rückweg von der Frankfurter Messe Melanchthons Bücher transportieren könnten. Der Plan wurde jedoch fallen gelassen.

Melanchthon brach bereits Ende Juli nach Wittenberg auf. Knapp vier Wochen dauerte die gut 700 Kilometer weite Reise. In Augsburg, wo sich Friedrich der Weise anlässlich des Reichstags aufhielt, wurden ihm und seinem Gefolge, voran Spalatin, der neue Professor vorgestellt und verpflichtet. Zwei Monate später fand hier das Verhör Luthers durch den Kardinallegaten Cajetan statt und schließlich

die Flucht des Wittenbergers am Abend des 20. Oktober. Diese Tage
bedeuteten für Luther zweierlei. Zum einen klärte er in dieser Auseinandersetzung seine theologische Position: Nicht der Papst, sondern Christus allein ist der Herr der Kirche; deren Grundlage bildet
die Bibel, nichts sonst, und insofern gehören Christus und die Bibel,
d. h. Gottes Wort, zusammen; und das hier angebotene Heil wird
allein dem Glaubenden zuteil. „Der Glaube aber ist nichts anderes
als das, was Gott verheißt und sagt [...] Daher sind Wort und Glaube notwendig zugleich, und ohne Wort kann unmöglich Glaube da
sein."[18] Das andere Ergebnis der Auseinandersetzungen mit dem
päpstlichen Theologen in Augsburg teilte Luther am 18. Dezember
1518 einem Freund in Nürnberg mit: In Rom herrsche vermutlich
der Antichrist, von dem Paulus im 2. Brief an die Thessalonicher
rede.[19] Was hier noch eine Vermutung war, dem anderen gleichsam
unter vorgehaltener Hand mitgeteilt, wurde Luther dann zunehmend
zur festen Gewissheit. Vor diesem Hintergrund standen Melanchthons Ankunft in Wittenberg mitsamt seinen ersten Aktivitäten.

Er verließ Augsburg wohl am 4. Juli 1518 und reiste, nun begleitet von Spalatin, weiter nach Nürnberg, wo er den befreundeten
Ratsherrn und Humanisten Willibald Pirckheimer traf. Die nächste
größere Station war Leipzig. Melanchthon hielt sich einige Tage in
der Stadt auf, auch zu Gesprächen mit dem in Wittenberg nicht zum
Zuge gekommenen Mosellan. Dieses Faktum hat nicht verhindert,
dass sie Freunde wurden. Am 25. August schließlich erreichte Melanchthon Wittenberg. Das Städtchen erschien ihm, verglichen mit
Heidelberg oder Tübingen, eher wie ein Dorf. Zwei parallele Straßen
führten vom Schloss mit der Schlosskapelle im Westen zum Augustinerkloster und den angrenzenden akademischen Hörsälen im Osten. Dazwischen lagen die niedrigen, sehr einfachen Wohnhäuser,
überragt vom Bau der Stadtkirche in der Mitte des Ortes.

Bereits am 28. August, einem Samstag, also nur wenige Tage nach seiner Ankunft, hielt Melanchthon vor einem großen Auditorium, zu dem auch Luther gehörte, seine Antrittsvorlesung „Über die Studienreform" (De corrigendis adulescentiae studiis).[20] Die Situation ist oft genug geschildert worden: Wie der schmale, schüchtern wirkende Jüngling von 21 Jahren, wenig ansehnlich mit seiner hängenden Schulter und überdies leicht lispelnd, durch seine feurige Rede nicht nur Zustimmung weckte, sondern regelrechte Begeisterung.

Melanchthon setzte bei der Beschreibung des Verfalls der „wahren Philosophie" ein. Dabei ging es ihm um ein Gesamtkonzept von Bildung, zu dessen Kennzeichen Sprache, Dialektik und Rhetorik gehörten. Mit deren Niedergang verfielen auch die Theologie und die Kultur insgesamt. Die fehlende Kenntnis vor allem des Griechischen hinderte den Zugang zu den Quellen des antiken Wissens, wozu auch die biblischen Texte gehörten. Ein miserables Latein und die Vorherrschaft nichtiger Äußerlichkeiten sowie eines leeren Zeremonienwesens waren die Folge. „Gleichermaßen ist die wahre Wissenschaft mit der falschen und der alte Glaube mit Zeremonien, menschlichen Traditionen, Bestimmungen, Erlassen, Verordnungen, Extravaganzen und Zusätzen der Epigonen vertauscht worden." Das sollte jetzt also anders werden! Eher vorsichtig wandte sich der junge Professor gegen die scholastische Theologie und Philosophie – musste er doch mit deren Vertretern unter seinen Zuhörern rechnen. Umso entschiedener lobte er die Fürsorge des Kurfürsten für seine Universität, die auch zur Stiftung dieses neuen Lehrstuhls geführt habe. Die Studenten wurden dann aufgefordert, Griechisch zu lernen, die zukünftigen Theologen außerdem Hebräisch. Auf dem Weg über das Griechische werde man zudem Zugang zum echten Gedankengut des Aristoteles finden, wodurch sich bessere Erkenntnisse in den Naturwissenschaften, aber auch in der Ethik mitsamt der Geschichte gewinnen ließen. Und somit mündete die Rede in ein Plädoyer für eine umfassende Universitätsreform.

Sachlich bot dieses Programm kaum Neues. Melanchthon trug hier, sprachlich elegant und stilistisch gekonnt, seine in Tübingen gewonnenen Erkenntnisse vor, die sich keineswegs durch Originalität auszeichneten. Vom biblischen Humanismus des Erasmus und der Faszination, die etwa von dessen 1518 in zweiter Auflage erschienenen „Handbüchlein eines christlichen Streiters" (Enchiridion militis christiani) ausging, war in Melanchthons Rede nichts zu spüren. Ausgesprochen kühl muteten auch seine Aussagen zur Bibel und Theologie an. Dass das Auditorium dem Redner trotzdem lauten Beifall spendete, lag an seiner Kritik an der scholastischen Philosophie, am veräußerlichten kirchlichen Zeremonienwesen sowie an seiner so beredt wie vehement vorgetragenen Forderung einer gründlichen und umfassenden humanistischen Reform des Grundstudiums. Mit diesen Ausführungen reihte sich Melanchthon in die Front der Wittenberger ein, die sich für ein Neues engagierten, das sich aus dem Gedankengut des Erasmus sowie den Anfängen der Reformation Luthers herauszukristallisieren begann. Der schrieb am 31. August an Spalatin: Melanchthon „hat eine höchst gelehrte und glänzende Rede gehalten, mit solcher Anerkennung und Bewunderung bei allen", wie sich das vorher niemand vorstellen konnte.[21]

In den folgenden Monaten verbanden und verknäulten sich im Leben, Denken und Handeln Melanchthons vielerlei unterschiedliche Ereignisse und Entwicklungen miteinander. Damit diese verständlich werden, müssen sie in der Darstellung weitgehend getrennt voneinander berichtet werden. Darüber darf jedoch ihre Zusammengehörigkeit im Sinn der Gleichzeitigkeit nicht aus dem Blick geraten. Es geht hier also darum, dass Melanchthon als Dozent wirkte, insbesondere für die griechische Sprache und Literatur, aber auch für das

Hebräische; dass er sich gleichzeitig intensiv die Gedanken des Erasmus von Rotterdam aneignete; sodann die Annäherung an Luthers reformatorische Theologie vollzog – wobei seine Teilnahme an der Leipziger Disputation eine gewichtige Rolle spielte – und schließlich nach der Promotion zum Baccalaureus biblicus biblische Vorlesungen hielt und Kommentare dazu verfasste. Der Reihe nach!

Seinen Verpflichtungen als Dozent für das Griechische ist Melanchthon zuverlässig nachgekommen, trotz seiner übrigen Tätigkeiten. 1518/19 las er über Homers Ilias, 1519 behandelte er ausgewählte Texte von Plutarch und Pindar, 1520 kam Thukydides an die Reihe, 1520/21 erläuterte Melanchthon die „Wolken" von Aristophanes, 1521 ging es um Lukian. Darüber hinaus existieren Nachschriften von Studenten, mit denen Melanchthon die Übersetzung des 1. Titusbriefes sowie der Briefe des Paulus an die Römer und Galater aus dem Griechischen einübte. Für alle diese Lehrveranstaltungen erstellte Melanchthon griechische Textvorlagen, die er dann in einer Mischung aus Vorlesung und Übung behandelte. Da die Verpflichtung eines Dozenten für das Hebräische zunächst nicht gelang, übernahm Melanchthon auch diese Aufgabe. Er las mit den Studenten ausgewählte Psalmen.

Zwischen Erasmus und Luther

Die Annäherung an die Gedankenwelt des Erasmus fand in derselben Zeit nahezu selbstverständlich statt. Doch es war nicht primär der Einfluss des erasmischen Humanismus in Melanchthons universitärem Umfeld, der ihn in diese Richtung wies, sondern die Konsequenz seiner Bibelstudien. Aufgrund der Notwendigkeit, sich mit der Auslegung biblischer Texte zu beschäftigen, griff er zu den großen exegetischen Werken des Niederländers, den Annotationen

und Paraphrasen zum Neuen Testament. Hier fand er die vertraute Kritik an der Scholastik sowie am beklagenswerten sittlichen
Zustand der Kirche mitsamt der Forderung eines neuen, besseren
Ethos. Die Struktur der hier proklamierten „philosophia Christiana"
leitete Erasmus auch aus dem Römerbrief her. Dabei ging es, vereinfacht ausgedrückt, um den Gegensatz von „Fleisch" und „Geist", von
Gesetzlichkeit und neuem Leben. Unter „Gesetz" verstand Erasmus
das alttestamentliche Kult- und Zeremonialgesetz. Das war durch
Christus abgetan, der Mensch also von der Gesetzlichkeit erlöst und
in Freiheit versetzt. Unter solcher Freiheit begriff Erasmus einen
ethischen Spiritualismus, konkret: Das Evangelium bildete das neue
Gesetz – ein Gesetz der Liebe, der Zuwendung zum andern, der Humanität. Weil den Glaubenden der Heilige Geist erfüllte und er in
diesem Geist lebte, strebte er folgerichtig danach, dieses neue Gesetz
Christi zu erfüllen.

In seiner Rhetorik, die Melanchthon aufgrund von Vorarbeiten
in Tübingen 1519 veröffentlichte, sowie in der Auslegung des Titusbriefes, die er als Parallele dazu ansah, bewegte sich der junge Wittenberger Professor eindeutig im Gefolge der Theologie des Erasmus. Reformatorische Wendungen klangen zwar bisweilen an, aber
sie spielten in der Argumentation keine wirkliche Rolle.

Melanchthons Annäherung an Luthers Theologie vollzog sich
in derselben Zeit auf verschiedenen Ebenen. Bereits im Oktober
1518 hatte der angesehene Drucker Froben in Basel einen Band mit
lateinischen Schriften Luthers herausgebracht. Wenig später ließ
Wolfgang Capito, der wesentlich an dieser Edition beteiligt war, den
Wittenberger wissen, dass Erasmus die 95 Thesen über den Ablass
im Wesentlichen billige. Um den Kontakt mit dem gefeierten Humanisten zu festigen, schrieb Luther ihm am 28. März 1519 einen
höflich lobenden Brief.[22] Mehr noch: In der Druckfassung seiner

Vorlesung über den Galaterbrief zeigte sich der Wittenberger offenkundig bestrebt, den Text durch die Konzentration auf die Anthropologie, die Freiheit und Bildung des Menschen sowie die Botschaft von der Rechtfertigung des Menschen durch Gott in den humanistischen Denk- und Erfahrungshorizont hinein auszulegen.[23] Es war diese Ausformung der lutherschen Theologie, die Melanchthon im Zuge der sprachlichen Überarbeitung des Kommentars im Verlauf des Jahres 1519 kennenlernte.

Eine weitere Annäherung an Luther brachte die Leipziger Disputation. Ein solches Streitgespräch war zwischen Karlstadt und dem Ingolstädter Professor Johannes Eck seit längerem vereinbart worden. Aber Ende 1518 verschickte Eck zwölf Thesen, in denen er ausschließlich Luther angriff. Lediglich eine 13. These bezog sich auf Karlstadt. Luther formulierte nun ebenso viele Thesen. Sie gipfelten in der 13.: Erst seit 400 Jahren könne, basierend auf den päpstlichen Dekretalen, von einer Suprematie Roms die Rede sein. Die Bibel, die Geschichte sowie die Dekrete des Konzils von Nicäa (325) belegten das Gegenteil des päpstlichen Anspruchs. Das Papsttum gründe folglich nicht auf göttlichem Recht.

Melanchthon hatte vom Kurfürsten die Erlaubnis erhalten, an der Disputation in Leipzig teilzunehmen. Diese fand vom 27. Juni bis zum 16. Juli 1519 statt. Bereits die Dauer lässt erkennen, dass hier nicht Rede und Gegenrede in schneller Folge wechselten. Der Disputant erläuterte vielmehr breit und ausführlich seine These – und darauf antwortete der andere in derselben Weise. In der ersten Runde zwischen Karlstadt und Eck hinterließ Eck den besseren Eindruck. Nicht ganz so einfach wurde Eck mit Luther fertig. Doch die Taktik des Ingolstädters, Luther als Hussiten zu brandmarken, als Ketzer und Landesfeind, war erfolgreich. Sachsen hatte in den Hussitenkriegen schwer gelitten, Hass auf die Tschechen und die Betonung der eigenen Orthodoxie gehörten darum auch an der Leipziger Universität zusammen. Das galt erst recht für den Landesherrn, Herzog Georg von Sachsen. Dass seine Mutter eine Böhmin war, bedeutete für den theologisch gebildeten Mann eine lebenslange Peinlichkeit und zugleich die Verpflichtung, seine strenge Rechtgläubigkeit und untadelige Kirchlichkeit nachdrücklich unter Beweis zu stellen. Ecks Unterstellung, dass Luther zu den Hussiten neige, war daher ein geschickter Schachzug. Und nun erlebte Eck den Triumph, dass Luther sich auf dieses Glatteis begab. Erst ließ er sich das Zugeständnis abringen, dass einige Sätze von Hus in Konstanz zu Unrecht verurteilt worden wären – z. B. dass es nur eine unsichtbare allgemeine christliche Kirche gebe. Dann ritt Eck Luther vollends in den Sumpf, indem er ihm nicht nur die Äußerung ablockte, auch Konzilien könnten irren, sondern dass das berühmte Konstanzer Konzil geirrt habe, als es die genannten Sätze von Hus verurteilte. Die Empörung war groß. Und nicht nur Herzog Georg blieb bis an das Ende seines Lebens ein entschiedener Gegner Luthers.

Man begreift, dass sich Eck als Sieger fühlte. So wurde er auch in Leipzig gefeiert. Aber andernorts galt er als der eindeutige Verlierer. Das lag in hohem Maß an Melanchthon. An der Disputation hatte er nur als Zuhörer teilgenommen. Immerhin schob er Luther einige Male Zettel mit Argumenten zu. Eck verbat sich diese Einmischung des „Grammatikers". Der verfasste nun für Oekolampad einen Bericht über die Vorgänge, den er auch sogleich drucken ließ.[24] Höflich zwar, jedoch eindeutig genug charakterisierte Melanchthon Eck als Vertreter der überholten Scholastik, der sinnlose Zitate häufte, während Luther in überzeugender Weise für die Wahrheit focht. Diese Darstellung war ungerecht, aber wirksam. Denn durch dieses Schreiben rückten in der öffentlichen Meinung, die damals vor allem die Humanisten machten, ihre Zielsetzungen und diejenigen Luthers sehr nahe aneinander.

Wenige Wochen nach der Leipziger Disputation, am 19. September 1519, erfolgte die Promotion Melanchthons zum Baccalaureus biblicus. Mit diesem untersten theologischen Grad war er berechtigt und verpflichtet, biblische Bücher im Überblick, rein kursorisch zu behandeln. Über eine solche Einengung sah die Fakultät hinweg. Doch sie hatte darauf bestanden, Luther eingeschlossen, dass Melanchthon den offiziellen Forderungen entsprach. Die Thesen, die er aus diesem Anlass formulierte, hoben nachdrücklich die alleinige Geltung der Bibel für die Lehre der Kirche hervor.[25] Deshalb seien der besondere Stand des Priesters ebenso abzulehnen wie die Lehre von der Transsubstantiation, also die Verwandlung der Elemente Brot und Wein in den Leib und das Blut Christi in der Messe. Wenig später schrieb Melanchthon in diesem Zusammenhang an einen Freund: „Ich empfehle also in unpassender Weise den Studenten die Heiligen Schriften, wenn ich sie von den menschlichen Überlieferungen fort rufe, wenn ich sie ermahne, das Urteil über die heiligen Dinge aus den Evangelien und nicht aus irgendwelchen Sümpfen herzunehmen? […] An den Universitäten lehrt man die Theologie nicht [nach der Bibel], sondern nach den so genannten Summen der Theologie, aufgrund derer man dann, wie nach einer Regel, die Bibel prüft. Muss man nicht die Lehrer auf den rechten Weg zurückrufen, damit sie erfahren, was angenommen werden muss – und nicht, was nur insgemein angenommen wurde?"[26]

Die Promotion zum biblischen Baccalaureat führte zu einer intensiveren Beschäftigung Melanchthons mit der Bibel und dann insbesondere mit dem Römerbrief. Ohne jetzt auf Einzelheiten einzugehen, zeigte sich an der 1519/20 entstandenen „Einführung in den

Brief des Paulus an die Römer" (Theologica Institutio in epistolam Pauli ad Romanos), dass Melanchthon zwar insgesamt von den exegetischen Arbeiten des Erasmus abhängig blieb, jedoch ein anderes Verständnis des Gesetzes und mithin der Sünde vertrat. Darauf hob Melanchthon auch in seiner 1520/21 gehaltenen Vorlesung über den Römerbrief ab: „Paulus redet nirgends in diesem Brief vom Zeremonialgesetz, sondern vom Moralgesetz."[27] Unter diesem Gesichtspunkt kamen dann die Verknechtung des Menschen unter die Sünde sowie seine durch Christus geschenkte Freiheit in den Blick.

Diese Arbeiten bildeten wichtige Vorstufen zur Abfassung von Melanchthons epochalen „Loci communes". Darüber berichte ich in einem späteren Zusammenhang. Hier ist vor allem die Feststellung wichtig, dass es sich bei den bisher geschilderten Prozessen keineswegs um rein rationale Überlegungen oder allein intellektuelle Vorgänge handelte: Es ging durchgängig auch um tief in das Selbstverständnis und Lebensgefühl Melanchthons eingreifende Erfahrungen und Entscheidungen. Und es handelte sich keineswegs nur um eine pädagogische Anleitung, wenn er in der Vorrede zur Edition von Luthers zweiter Vorlesung über die Psalmen im März 1519 schrieb: „Was nützt es zu wissen, dass Gott barmherzig und weise ist, wenn Du nicht fest davon überzeugt bist, dass er für Dich ein barmherziger, für Dich ein gerechter, für Dich ein weiser Gott ist? Das heißt nämlich, Gott wahrhaft erkennen. Diese tiefste Art der Gotteserkenntnis hat die Philosophie nicht erreicht, sie ist lediglich für Christen charakteristisch."[28] In der „Theologischen Einführung" hieß es: „Oh ungeheure Wohltat! So Christus zu erkennen, dass er Dir die Last abnimmt, wenn Du durch das Gesetz und das Schuldbewusstsein gedrückt wirst, und sie auf seine Schulter lädt, dass er Dich stützt, wenn Du nach der Gerechtigkeit dürstest. Glücklich diejenigen, die es erreicht haben, Christus so zu erkennen!"[29] Solche

Äußerungen ließen sich unschwer häufen. Sie belegen einerseits die Wirkung, die Luthers Beharren auf der Sündhaftigkeit des Menschen und seiner Schuldverflochtenheit gegenüber der optimistischen Anthropologie des Humanismus ausgeübt hat. Und sie zeigen andererseits, dass Melanchthon aufgrund dieser Erfahrung die evangelische Botschaft von der Rechtfertigung des Sünders aufgrund des Glaubens an Jesus Christus als elementare Befreiung empfand. Auf der sittlichen Forderung hatte für ihn bisher alles Gewicht gelegen, im Gefolge von Reuchlin und Wimpfeling bis hin zu Erasmus. Es handelt sich wohl kaum um eine Spekulation, wenn man feststellt, dass derartige Ansprüche einen Menschen überfordern konnten. Umso größer musste die Erleichterung sein, wenn man erkannte, dass dies nicht der von Gott gewollte Weg war.

Man darf wohl noch einen Schritt weiter gehen. Nicht nur Melanchthon sah sich mit der ständigen Forderung nach sittlichen Leistungen konfrontiert, sondern hierbei handelte es sich um die Atmosphäre, die keineswegs nur jüngere Theologen, sondern zumindest auch die obere Schicht der Räte und Bürger in den Städten umgab. Vor diesem Hintergrund begriffen viele von ihnen die Begegnung mit der reformatorischen Botschaft der Rechtfertigung nicht nur als eine biblische Wahrheit, sondern als persönliche Befreiung. Kennzeichnend dafür ist, dass nicht wenige begeisterte Anhänger des Erasmus dann zur Reformation übergingen. Es genügt, an Zwingli, Bucer oder Calvin zu erinnern – um nur die bedeutendsten zu erwähnen. In diesem Kontext bildete die Rechtfertigungslehre unverkennbar das einende Band der reformatorischen Bewegung.

Blickt man auf diese Aktivitäten Melanchthons von seiner Ankunft in Wittenberg bis zum Beginn des Jahres 1521, leuchtet ein, dass seine Freunde, Luther voran, voller Sorge waren, dass er sich zu Tode arbeitete. Sie drängten ihn deshalb, zu heiraten und einen

Hausstand zu gründen, damit besser für ihn gesorgt wäre. Auch eine Frau wollten sie für ihn aussuchen. Doch Melanchthon ging eigene Wege und entschied sich für die gleichaltrige Katharina Krapp, die Tochter eines verstorbenen Ratsherrn.[30] Der Patrizier Thomas Blarer aus Konstanz berichtete seiner Mutter, die Braut habe zwar kein Geld, sei auch nicht hübsch, jedoch ernsthaft, lieb und rechtschaffen. Am 27. November fand die Hochzeit statt. Unter den Gästen waren auch Luther und dessen Eltern, jedoch nicht Melanchthons Mutter. Ob sie den weiten Weg scheute oder die Wahl ihres Sohnes missbilligte, wissen wir nicht. Der Kurfürst schickte Wein und Wildbret sowie die Zusage einer kleinen Gehaltserhöhung.

Das Ehepaar zog in ein bescheidenes Häuschen in der Collegienstraße. Bei dieser sogenannten „Bude" handelte es sich vielleicht um die Mitgift Katharinas. Hier lebte die Familie, zu der im Lauf der Jahre vier Kinder kamen – Anna, Philipp, der früh verstorbene Georg sowie Magdalena – in recht beengten Verhältnissen, zumal Melanchthon seinen Famulus Johann Koch mitgebracht hatte. Außerdem hielten sich hier immer für kürzere oder längere Zeit Gäste auf. Bekannt war allerdings auch, dass Katharina Melanchthon nicht besonders gut zu wirtschaften verstand. 1535 ordnete Kurfürst Johann Friedrich den Bau eines repräsentativen Hauses mit Garten an. Für das im Oktober 1536 fertig gestellte Gebäude – das heutige Melanchthonhaus – zahlte der Fürst 946 Gulden, 18 Groschen und einen Pfennig.

Reuchlin missfiel inzwischen die wachsende Hinwendung Melanchthons zu Luther und der reformatorischen Bewegung. Um ihn aus dieser Umgebung zu lösen, verschaffte er ihm einen Ruf nach Ingolstadt und versprach Melanchthon gleichzeitig, ihm seine Bibliothek zu vererben, wenn er käme. Melanchthon lehnte ab. Am 18. März 1520 schrieb er seinem verehrten Gönner und Lehrer: Sicherlich wähle er mit seinem Bleiben in Wittenberg eine ungewisse Zukunft. Doch einerseits habe er Verpflichtungen gegenüber dem Kurfürsten, der ihn berufen habe; und andererseits gelte: „Ich muss bei allem mehr ins Auge fassen, wohin mich Christus zieht, als wohin mich mein Verlangen rufen möchte. […] Denn ich meine, dass es nicht darauf ankommt, wie glücklich ich das Leben beschließen werde, sondern wie vortrefflich, wie christlich."[31]

Ein knappes Jahr später trat Melanchthon mit zwei Streitschriften öffentlich an die Seite Luthers.[32] Im „Didymus Faventinus", d. h. dem Luther günstig gesinnten Zwilling, attackierte Melanchthon im Februar 1521 den verhängnisvollen Einfluss der scholastischen Philosophie und setzte dagegen die reformatorische Theologie. Die Wittenberger wussten nicht, dass es sich bei dem Angreifer Thomas Rhadinus um eine reale Persönlichkeit handelte, nämlich den in Rom lehrenden Dominikaner. Sie verstanden den Namen als ein Pseudonym für den Leipziger Hieronymus Emser. Als Melanchthon Luther in seiner „Apologie" gegen dessen Verurteilung durch die Sorbonne in Paris im Sommer 1521 verteidigte, argumentierte er ähnlich: Der päpstliche Primat ließe sich weder biblisch noch historisch begründen. Er habe sich vielmehr aufgrund des skrupellosen Machtwillens der Päpste im Laufe der Zeit herausgebildet. Dagegen sei Luther aufgestanden, um die Kirche vom Evangelium her zu reformieren.

Die „Loci communes"

Melanchthons Hauptwerk in jener Zeit bildeten jedoch die „Loci communes rerum theologicarum seu Hypotyposes theologicae", wie der vollständige Titel lautete: „Allgemeine Grundbegriffe theologischer Sachverhalte oder theologische Entwürfe". Anstelle eines Kommentars zu einem oder mehreren biblischen Büchern wurde hier eine systematische Zusammenfassung der reformatorischen Verkündigung und Lehre auf betont biblischer Grundlage geboten. Das Vorbild für ein solches Vorgehen stammte aus der Dialektik des Humanisten Rudolf Agricola. Loci, d. h. allgemeine Grundbegriffe, wurden hier als Mittel der Rhetorik für das Verständnis eines literarischen Textes genutzt. Melanchthon übernahm dieses Konzept, um anhand der Hauptthemen des Römerbriefs die Grundbegriffe der Theologie des Paulus zu erfassen. Dass es sich dabei gleichzeitig um die Loci communes der Bibel insgesamt handelte, setzte er voraus. Ausdrücklich wollte Melanchthon mit seinem Buch an die Stelle der Theologischen Summen der Scholastiker ein Kompendium der wahren christlichen Lehre setzen.

Hierbei bildete das Thema der Rechtfertigung, dem Gedankengang des Römerbriefs entsprechend, den zentralen Gesichtspunkt. Der Begriff selbst begegnete kaum. Doch der „Sachverhalt" wurde anhand der Grundbegriffe „Gesetz" (lex) – „Sünde" (peccatum) – „Gnade" (gratia) ausführlich dargelegt. Melanchthon ist bei diesem Ansatz sein Leben lang geblieben. Eher anhangsweise äußerte er sich zu den Sakramenten, der Privatbeichte, Nächstenliebe, Obrigkeiten sowie dem „Skandalon".

Die genannten Loci wurden in der Wirkung auf den Menschen entfaltet. Insofern spielte die Psychologie eine wesentliche Rolle. Dass Melanchthon den existentiellen Charakter der reformatorischen Theologie hervorhob, habe ich schon erwähnt. Folgerichtig verzichtete er auf alle „Spekulationen": die Behandlung der Gotteslehre, der Trinität, der Schöpfung sowie der Inkarnation Jesu Christi. Stattdessen wollte Melanchthon von den „Wohltaten Christi" reden: „Christus erkennen heißt, seine Wohltaten erkennen und nicht – wie jene [Scholastiker] lehren – seine beiden Naturen und die Art der Inkarnation betrachten."[33]

Um dahin zu gelangen, musste der Mensch zuerst mit Gottes Gesetz konfrontiert werden. Melanchthon fasste darunter sowohl den Dekalog als auch die Weisungen der Bergpredigt, die nach der Auffassung der mittelalterlichen Theologie lediglich als „evangelische Räte" für diejenigen anzusehen wären, die den direkten, steilen Weg zur Vollkommenheit wählten. Dagegen setzte Melanchthon, dass das Gesetz in allen seinen Formen den Menschen als Sünder entlarvte und ihn so dem Zorn Gottes auslieferte. Die Selbstsucht galt ihm als die Wurzel allen menschlichen Tuns und mithin als Sünde. Schroff warf er den scholastischen Theologen ebenso wie den Humanisten vor, diese Realität relativiert und verharmlost zu haben. Wenn dagegen Gottes Gesetz in aller Härte und Schärfe verkündet wurde, musste der Mensch in seinem Gewissen erschrecken, sein Versagen gegenüber Gottes gerechter Forderung, also seine Sündhaftigkeit, schmerzlich erkennen. Und voller Sehnsucht und Verlangen würde dieser Mensch dann Gnade und Vergebung begehren. Melanchthon rückte also Gesetz und Evangelium ganz eng aneinander und beschrieb diesen Zusammenhang als einen psychologischen Vorgang. Der zerknirschte, reuige Sünder hörte das Evangelium von der Vergebung der Sünden um Christi willen. Er nahm diese „Wohltat Christi" im Glauben an und wusste sich dadurch gerechtfertigt und gerettet.

Melanchthon hat Vieles in diesem Buch nicht näher ausgeführt. Dazu gehörte auch, dass er in den Loci – ebenso wie in späteren Stellungnahmen – die Rechtfertigung des Sünders als Gerechterklärung (imputative) wie auch als Gerechtmachung (effective) beschreiben konnte. Melanchthon ging es jedoch nicht primär um die logische Geschlossenheit der Konzeption, sondern um die Wiedergabe der biblischen Aussagen, die eben nicht einlinig sind. Nicht das *Wie* der Rechtfertigung bewegte Melanchthon, sondern das *Dass* – und dabei ging es dann vor allem um die Folgen, nämlich gute Werke. Melanchthon behandelte das unter der Überschrift „Wirksamkeit des Glaubens". Dieser wurde einerseits als Fiduzialglaube beschrieben, im Sinn der Zustimmung zu den dogmatischen Aussagen der Kirche. Und andererseits begegnete er als Empfänger und Träger des Heiligen Geistes, der den Gerechtfertigten zu allem Guten bewegte und trieb. Melanchthon brachte in diesem Zusammenhang die traditionelle Lehre von den menschlichen Affekten ins Spiel und schilderte so die Liebe zu Gott, Selbstzucht und Nächstenliebe als Werke dieses Geistes. Wieder verzichtete er darauf, diese unterschiedlichen Auffassungen logisch abzugleichen. Wesentlich war für Melanchthon nur, dass aus der Rechtfertigung einerseits gute Werke zwingend folgten – und dass diese andererseits keinerlei Verdienste gegenüber Gott begründeten. Hierauf konzentrierten sich sein Argumentieren und sein theologisches Interesse.

In diesem Kontext interpretierte Melanchthon auch die Sakramente. Er akzeptierte wie Luther lediglich zwei, Taufe und Abendmahl. Melanchthon nannte sie „Zeichen" des Glaubens, auch „Siegel" der Glaubensgerechtigkeit. Dass die Taufe nur für den Glaubenden wirksam sei, hob er ebenso hervor wie die Ablehnung der Wandlung der Elemente Brot und Wein im Abendmahl. Auffällig ist, dass in diesem Kapitel ein Abschnitt der Buße gewidmet ist. Melanchthon griff dieses Thema jetzt und in der folgenden Zeit auf, um die Erkenntnis der Sünde zu entfalten und zu unterstreichen, dass Christus durch seinen Tod die allumfassende Genugtuung (satisfactio) für die Sünden der Menschen geleistet hat. Mit dieser erneuten Bezugnahme auf die Rechtfertigung schloss sich der Kreis.

Eine Welle der Zustimmung, des Lobes, ja der Begeisterung schlugen Melanchthon nach der Veröffentlichung der Loci entgegen. In seine Vorlesungen kamen jetzt vollends mit großem Ab-

stand zu den übrigen Dozenten die meisten Hörer. Aber Melanchthons Ruhm reichte weit über Wittenberg hinaus. Zusammen mit
der leichten Überarbeitung von 1522 hat man nicht weniger als 18
Nachdrucke des Buches gezählt. Mit dieser systematischen Zusammenfassung des reformatorischen Denkens machte Melanchthon
es lehr- und lernbar. Insofern trat er jetzt als theologische Autorität
neben Luther.

Gewiss macht es Sinn, die sachlichen Differenzen zwischen
beiden aufzuweisen und dabei die Überlegenheit des Reformators
hervorzuheben. Doch eine solche Argumentation verkennt die historische Situation und Melanchthons Intention. Es ging ihm nicht
darum, Luther zu reproduzieren, sondern eigenständig die reformatorische Botschaft zusammenzufassen und zu vermitteln. Luthers
biblische Kommentare, Predigten, erbauliche Texte und Streitschriften boten fraglos eine Fülle tiefer theologischer Einsichten und beeindruckender religiöser Erkenntnisse. Melanchthon kanalisierte
diese Sturmflut in den Loci. Dabei begriff er sein Werk nicht als eine
geschlossene Abhandlung, sondern als die Zusammenstellung von
Grundbegriffen zum besseren Verständnis der Bibel. So sah es auch
Luther. Bei seiner Behauptung, die Loci besäßen kanonischen Rang,
handelte es sich vor allem um Polemik gegen Erasmus.[34] Treffender
urteilte Luther, als er später in einem Tischgespräch die Bedeutung
von Melanchthons Werk hervorhob: „Wer heute Theologe werden
will, hat zwei große Vorteile: Zum ersten hat er die Bibel, die er nun
ohne große Hindernisse lesen kann. Daneben hat er die Loci von
Philippus. Er lese sie fleißig und gründlich, so dass er sie ganz im
Kopf hat. Wenn er die zwei hat, dann ist er ein Theologe, dem weder
der Teufel noch ein Ketzer etwas abbrechen kann."[35]

Wittenberger Unruhen

Die Drucklegung der Loci zog sich vom April bis zum Dezember 1521 hin. Das waren die dramatischen Monate und Wochen des Auftretens Luthers in Worms am 17. und 18. April, seiner und seiner Anhänger Ächtung durch das Wormser Edikt Ende Mai; und vorher bereits Luthers Entführung auf die Wartburg, wo er sich die nächste Zeit im Verborgenen aufhalten musste. Von dort verpflichtete er Melanchthon, an seine Stelle zu treten: „Darum tritt Du als Diener des Wortes herzu und befestige die Mauern und Türme Jerusalems, bis sie auch über Dich herfallen. Deine Berufung und Begabung kennst Du. Ich bete für Dich besonders [...]. Tue Du das Gleiche. So wollen wir jene Last füreinander tragen. Wir allein stehen jetzt in der Schlacht. Nach Dir werden sie trachten, wie sie es an mir getan haben."[36]

Melanchthon übernahm selbstverständlich Luthers theologische Vorlesungen. Aber war der junge, gerade vierundzwanzigjährige Gelehrte wirklich fähig, das nun überall aufbrechende Drängen auf Veränderungen der kirchlichen und sozialen Verhältnisse zu steuern und zu koordinieren? Nach der Überzeugung gerade engagierter Anhänger Luthers wie Karlstadt oder des Augustinermönchs Gabriel Zwilling mussten nun endlich aus den erkannten und hinreichend lange gepredigten theologischen Wahrheiten praktische Konsequenzen gezogen werden. Konnte man denn verkündigen, dass es sich bei der römischen Messlehre mit der Behauptung, hier vollziehe sich die unblutige Wiederholung des Opfertodes Christi, um eine Gotteslästerung handele – und gleichzeitig weiterhin die Messe feiern? War es möglich, einerseits zu erklären, dass es gegen das Gebot Christi sei, den Gläubigen im Abendmahl nur Brot zu reichen und nicht auch Wein – und andererseits mit ansehen, dass bei der Messe trotzdem lediglich die Oblate ausgeteilt wurde? Auf solche Themen konzentrierte sich der Eifer entschiedener Anhänger der Reformation. Melanchthon gehörte zu ihnen, ohne allerdings eine führende Rolle zu spielen. Dann heirateten Priester. Mönche und Nonnen verließen die Klöster. Privatmessen wurden abgeschafft, Messstiftungen also, die ein Priester las, zumeist für einen Verstorbenen, und bei denen niemand die Kommunion nahm.

Hier vor allem setzte der konservative Widerspruch an. Denn bei diesen Messen handelte es sich um juristisch fixierte Vermächtnisse, die nicht einseitig aufgehoben werden durften. Das Vorgehen der Reformer betraf auch das von der Familie des Kurfürsten mit Pfründen für solche Messen ausgestattete Allerheiligenstift in Wittenberg. Zwilling wollte diese Privatmessen absterben lassen. Geschickter agierte Melanchthon: Zusammen mit Freunden und Schülern funktionierte er diese Messen zu Abendmahlsfeiern mit Brot und Wein in geschlossenen kleinen Kreisen um. Daraus mochten dann auch Gruppen einer zukünftigen reformatorischen Kirche hervorgehen. Doch der Kurfürst untersagte zunächst einmal sämtliche Neuerungen.

Luther hielt sich Anfang Dezember einige Tage incognito in Wittenberg bei Amsdorf auf und besprach sich mit ihm und Melanchthon. Obwohl verschiedentlich Messfeiern gestört und Priester bedroht worden waren, sah Luther keinen Grund zur Beunruhigung. Man solle die Reformen vorsichtig fortführen. Denn offenkundig ließen sie sich nicht mehr zurücknehmen, weder in Wittenberg noch in anderen Orten des Kurfürstentums.

Doch gerade diese Behutsamkeit des Vorgehens misslang. Zwillings leidenschaftliche Predigten im Augustinerkloster gegen das Verständnis der Messe als Opfer und insbesondere gegen die Privatmessen heizten die Stimmung im Dezember an. Karlstadt forderte in derselben Zeit bedingungslos die Austeilung von Brot und Wein beim Abendmahl. Ganz in diesem Sinn feierte er am 1. Weihnachtstag 1521 in der brechend vollen Stadtkirche einen Gottesdienst, in Straßenkleidung statt dem liturgischen Gewand, sprach die Einsetzungsworte deutsch, ebenso die Sätze bei der Austeilung, und ließ dann alle Teilnehmer gewöhnliches Brot in die Hand nehmen. Danach reichte er den Kelch. Dieser Vorgang erregte enormes Aufsehen. Nun fürchtete Melanchthon, dass die Bewegung über ihn hinwegrollte. Doch zunächst, meinte er, müsse man sie dem Willen Gottes überlassen.

Doch die Probleme wuchsen, als zwei Tage später, am 27. Dezember, drei Weber aus Zwickau in die Stadt kamen, Nikolaus Storch, Thomas Marx sowie Markus Stübner, ein Melanchthon bekannter ehemaliger Wittenberger Student, der dann auch bei ihm wohnte. Die Männer gehörten zur Gefolgschaft von Thomas Müntzer. Sie proklamierten als Laienprediger einen radikalen geistlichen und sozialen Umbruch aufgrund der gegenwärtigen Ausgießung des Heiligen Geistes jetzt, in der Endzeit. Auf diesen Geistbesitz komme es an, weshalb die Kindertaufe nichts nütze. Sie selbst besäßen diesen Geist, empfingen daher auch besondere Offenbarungen, die der Erzengel Gabriel ihnen mitteile. Melanchthon wusste nicht, was er davon halten sollte. An den besonderen Offenbarungen der Männer zweifelte er. Aber waren sie völlig ausgeschlossen? Mehr beunruhigte Melanchthon die Kritik an der Kindertaufe. Er musste zugeben, dass er im Blick auf dieses Problem über keinen klaren Standpunkt verfügte. Da müsse Luther entscheiden, schrieb er dem Kurfürsten.[37]

Melanchthon hörte, fragend und zweifelnd, dennoch auf Stübner, distanzierte sich jedenfalls nicht von ihm. Ebenso verhielt er sich gegenüber Karlstadt, der nun die wissenschaftliche Theologie verwarf und stattdessen einfache, ungelehrte Leute, die offenbar den

Heiligen Geist besaßen, nach ihrem Verständnis biblischer Texte befragte. Hand in Hand damit lehrte er die mystische Versenkung des Menschen in sein Inneres, um dort Gottes Stimme zu vernehmen. Alles das war und blieb Melanchthon fremd. Aber äußerte sich da nicht vielleicht doch der Heilige Geist?

Das Generalkapitel des Augustinerordens billigte am 6. Januar 1522 in Wittenberg Austritte aus dem Kloster. Am 10. Januar erfolgte ein Bildersturm, angeführt von Gabriel Zwilling und anderen radikalen Augustinermönchen. Melanchthon verhandelte inzwischen mit Vertretern des Kurfürsten sowie des städtischen Magistrats über eine neue Gottesdienstordnung. Am 24. Januar war sie fertig. Danach entfiel die Elevation, also das segnende Hervorheben der Elemente in der Abendmahlsfeier. Die Einsetzungsworte wurden deutsch gesprochen und den Kommunikanten das Brot und der Kelch in die Hand gegeben. Diese Ordnung wurde allerdings in der späteren Zeit wieder stärker dem traditionellen Formular angenähert. Die Elevation kehrte zurück, Stille Messen (also Privatmessen) blieben erlaubt und es bestand die Möglichkeit, in der alten Weise die Kommunion einzunehmen, also ohne den Kelch. Darin waren sich Luther und Melanchthon einig: Es galt, diejenigen zu schonen, die an den alten Formen des Glaubens festhalten wollten, sowie nichts ohne die Zustimmung der Obrigkeit zu verändern.

Doch allein mit solchen Formularen ließ sich das gärende Drängen auf kirchliche Veränderungen nicht besänftigen. Am 6. Februar fand in der Stadt ein erneuter wüster Bildersturm statt. Nun schien die allgemeine Ordnung bedroht. Daraufhin beschloss Luther am 1. März, auf eigene Verantwortung und gegen den Willen des Kurfürsten nach Wittenberg zurückzukehren. Anfang März kam Luther dort an und predigte vom Sonntag Invocavit an eine Woche lang jeden Tag über die Grundlagen des christlichen Glaubens. Die Wucht

und Souveränität seiner Worte beendeten schnell die religiöse Auf-
geregtheit mitsamt dem Durcheinander in der Stadt.

Veränderter Horizont

Melanchthon war ebenso glücklich wie erleichtert. Doch er zog
gleichzeitig weitreichende Konsequenzen aus dem, was er in den
zurückliegenden Monaten erlebt hatte. Die deutsche Übersetzung
des Neuen Testaments, die Luther auf der Wartburg geschaffen hatte, sah er kritisch mit ihm durch, sodass das Werk im Herbst als
„Septembertestament" erscheinen konnte. Seine Vorlesungen über
den 2. Korintherbrief und im Anschluss daran über das Johannesevangelium setzte Melanchthon fort. Doch danach, seit dem März
1523, las er zunächst nur noch über profane antike Autoren. Er be-
trachtete seine Vorlesungstätigkeit über theologische Themen jetzt
als beendet, teilte er Spalatin mit.[38] In derselben Zeit hielt Melanchthon eine bedeutende Rede über das „Lob der Beredsamkeit".[39]
Es sei bedenklich, führte er aus, wenn Studierende „in ungestümer
Weise sogleich zu den höheren Wissenschaften drängen", statt sich
zunächst um die sprachlichen Grundlagen im weiteren Sinn zu bemühen. Dazu gehöre wesentlich die Rhetorik. Die Sprache beför-
dere klares Denken und eine differenzierte Ausdrucksweise. Ohne
das Mühen darum wären geistige Abstumpfung und ein Verlust an
Humanität die Folge. Denn die Kommunikation, die durch Sprache
geschehe, besitze eine wesentliche sozialisierende Kraft. Wie auch
in anderen Zusammenhängen wandte sich Melanchthon gegen die
„Pseudotheologen", die solche grundlegenden Fakten verachteten.
Natürlich richteten sich diese Vorwürfe nach Melanchthons Überzeugung nicht gegen die Theologie überhaupt. Hier sei fraglos die
Gabe des Heiligen Geistes entscheidend. Doch wenn die Redekunst

und die Kenntnis der Sprachen nicht hinzukämen, fehle den Theologen viel, schrieb er an Spalatin.[40]

Luther sah das nicht anders. Sprachen, Wissenschaft und Bildung waren in der zurückliegenden Zeit an der Universität und in der Gesellschaft überhaupt allzu sehr zurückgedrängt worden. Deshalb forderte Luther die „Ratsherren aller Städte deutschen Landes" auf, „dass sie christliche Schulen aufrichten und erhalten sollen".[41] Verzichte man in der Theologie auf die Kenntnis der alten Sprachen, müsse es notwendig zu einem Rückfall in die Barbarei kommen. Darin also waren sich die Wittenberger einig.

Deshalb sollte sich Melanchthon, meinte Luther, trotzdem wieder verstärkt der Theologie zuwenden. Am 23. März 1524 drängte er den Kurfürsten, Melanchthon aus der „kindischen" Befassung mit der griechischen Sprache auf eine theologische Professur zu versetzen.[42] Als der davon hörte, lehnte er den Plan entschieden ab. An den Freund Camerarius schrieb er wenig später: „Kindisches schreibe ich, aber ich halte es für frömmer als alle Disputationen und Spielereien jener Pseudotheologen. Ich bin mir dagegen klar bewusst, niemals aus anderen Gründen Theologie getrieben zu haben als in der Absicht, das Leben zu bessern. Jene mögen sehen, wohin sie kommen."[43]

Melanchthon übernahm also Luthers Beurteilung seiner Tätigkeit und argumentierte auf diesem Boden. Der Vorwurf der „Pseudotheologie" betraf demnach nicht nur die Gegner im anderen Lager, sondern umgriff Personen in den eigenen Reihen. Als aufgeregte, ungebildete Volksprediger und Schwarmgeister charakterisierte sie Melanchthon. Dabei hatte er fraglos die „Zwickauer Propheten" vor Augen. Doch seine Kritik reichte weiter. An seinen Freund Eoban Hess schrieb Melanchthon in derselben Zeit: „Glaube mir, dass diejenigen, die die profane Literatur verschmä-

hen, über Theologisches nicht besser denken."[44] Es ging Melanchthon offenkundig um ein weiter gefasstes Verständnis der Theologie,
als es die Radikalen in den eigenen Reihen vertraten. Diese wollten das als theologisch richtig und wahr Erkannte kompromisslos
durchsetzen. Das hatte z. B. Gabriel Zwilling im Verlauf der Wittenberger Unruhen bewegt. Dabei war das Problem der Besserung des
Lebens naturgemäß aus dem Blick geraten. Melanchthon dagegen
plädierte für eine Theologie, in der die Wahrheitsfrage eingebettet
blieb in den Horizont von Pädagogik, Wissen, Bildung und Kultur.
Nur in diesem Kontext erschien es ihm möglich, Gottes Gesetz und
Evangelium, also die reformatorische Lehre von der Rechtfertigung,
sinnhaft auszusprechen und zu vermitteln.

Die Frage der Stellung Melanchthons an der Universität wurde
Anfang 1526 schließlich dahingehend geregelt, dass ihm kein theologischer Lehrstuhl zugewiesen wurde. Anders als es Luther gewollt
hatte, blieb Melanchthon auch weiterhin in der Artistenfakultät.
Kurfürst Johann verdoppelte jedoch sein Gehalt und zahlte noch
einmal hundert Gulden jährlich aufgrund der besonderen Leistungen Melanchthons. Erwünscht war allerdings, dass er eine theologische Vorlesung in jedem Semester übernahm. Dem ist Melanchthon
dauerhaft nachgekommen.

Eine Urlaubsreise

Am 19. April 1524 ritt Melanchthon mit vier Begleitern, darunter
dem Freund Joachim Camerarius, auf gemieteten Pferden nach
Süden. Der Kurfürst hatte seinem Professor einen mehrwöchigen
Urlaub gewährt, damit er sich erholte. Melanchthon wollte seine
Heimat wiedersehen, seine Mutter, Bruder Georg und die übrige
Verwandtschaft in Bretten. Die kleine Gruppe reiste über Leipzig,

Naumburg, Weimar, Erfurt und Eisenach. Dort führte Melanchthon längere Gespräche mit dem Prediger Jakob Strauß, der angeblich für die Verweigerung der Zinszahlungen eintrat. Strauß verteidigte sich. Es ging dann um die Frage der Geltung des alttestamentlichen Rechts, das den Zins verbot. Melanchthon argumentierte nun, dass geltendes Recht nicht einseitig abgeschafft werden dürfe. Im Übrigen sollten die Pfarrer sich nicht mit dem weltlichen Recht befassen, sondern das Evangelium predigen!

Über Fulda, Frankfurt und Heidelberg erreichte die Gruppe am 3. Mai Bretten. Melanchthon blieb hier, während Camerarius mit den anderen nach Basel weiter ritt, um die Spannungen mit Erasmus möglichst zu beseitigen. Das misslang. Doch in Bretten erschien am 6. Mai eine Delegation der Heidelberger Artistenfakultät, angeführt vom Dekan Martin Frecht. Um den inzwischen berühmten ehemaligen Studenten ihrer Fakultät zu ehren, überreichten sie ihm einen silbernen Becher.

Wenig später erschien Friedrich Nausea in Bretten. Der päpstliche Legat Tommaso Campeggio hielt sich in Süddeutschland auf und schickte nun seinen Privatsekretär, um Melanchthon von Luther zu trennen. Der junge Gelehrte könne doch überall eine glänzendere Zukunft haben, auch innerhalb der Kirche, wenn er sich von dem Unruhestifter in Wittenberg abwende! Melanchthon lehnte den Antrag nicht nur ab, sondern verfasste eine schriftliche Stellungnahme für Campeggio.[45] Darin hieß es: „Die Welt irrt, wenn sie meint, dass Luther nur die Abschaffung der öffentlichen kirchlichen Bräuche betreibt. […] Luther kämpft wahrhaftig nicht um Zeremonien. Er lehrt Größeres, nämlich den Unterschied zwischen der Gerechtigkeit der Menschen und der Gerechtigkeit Gottes." Es folgten der Hinweis auf die Bibel als Grundlage der Wahrheit sowie die Beschreibung der echten Buße aufgrund der Predigt des

Gesetzes. Kirchliche Zeremonien und Bräuche würden davon nur berührt, wenn sie diese „Frömmigkeit" behinderten. Dazu zählte Melanchthon die Messe und den Zölibat. Die Aufgabe der Obrigkeit bestehe darin, für fromme und gebildete Geistliche Sorge zu tragen. Durch deren Predigt würden der öffentliche und kirchliche Friede gewahrt und die christliche Freiheit ermöglicht – die gegenwärtig sowohl törichte Altgläubige bedrohten als auch Menschen, die mit dem Namen Luthers um die Gunst der Menge buhlten.

Wahrscheinlich am 25. Mai 1524 kam es, auf der Rückreise, in der Nähe Frankfurts zu einer zufälligen Begegnung mit dem jungen Landgrafen Philipp von Hessen.[46] Der gehörte damals noch zu den Gegnern der Reformation. Jetzt erschreckte er Melanchthon mit der halb scherzhaften Bemerkung, Campeggio würde sich gewiss freuen, wenn der Landgraf ihm Melanchthon ausliefere. Ein ernsthaftes theologisches Gespräch fand nicht statt. Doch möglicherweise fragte ihn der Landgraf, weshalb die reformatorische Predigt die Bevölkerung aufwiegele. Der Bauernkrieg warf seine Schatten voraus. Melanchthon versprach, sich dazu schriftlich zu äußern. Dann trennte man sich.

Melanchthon hat keineswegs sofort geantwortet. Erst Ende August, als sich die Hinwendung des Landgrafen zur Reformation abzeichnete, verfasste Melanchthon zur Unterstützung dieser Entwicklung eine „Summe der erneuerten kirchlichen Lehre" (Epitome renovatae ecclesiasticae doctrina).[47] Die kleine Schrift war sehr erfolgreich. Bis Ende 1528 erschienen elf Drucke, lateinisch und deutsch.

Inhaltlich gab es viele Parallelen zwischen diesem Text und dem Schreiben an Campeggio sowie einer Flugschrift von 1522 über den „Unterschied zwischen weltlicher und christlicher Frömmigkeit".[48] Wieder wandte sich Melanchthon gegen falsche Theologen auf

beiden Seiten. Bezeichnenderweise nannte er dabei die „Pseudolu-
therani" und „Bekenner" (Professores) in den eigenen Reihen in
einem Atemzug. Nur sehr wenigen sei ernsthaft an der reformatorischen Lehre und dem entsprechenden Leben gelegen. Die echte
Basis bilde die Bibel. Sie offenbare die christliche Gerechtigkeit, d.
h. die Rechtfertigung des Sünders und seine innere Freiheit. Dagegen handele es sich bei der menschlichen Gerechtigkeit um eine
rein diesseitige, innerweltliche Größe. Hier regierten Zwang und
Gesetz, um die Menschen im Zaum zu halten. Die kirchlichen
Bräuche seien an sich weder gut noch schlecht, lediglich der Zölibat und die Mönchsgelübde sollten abgeschafft werden. Die Fürsten
schließlich hätten die Pflicht, für die geordnete und fromme Predigt des Evangeliums zu sorgen. Dann würden gewiss Ruhe und
Frieden herrschen. Erneut warnte und mahnte Melanchthon also
angesichts der im Herbst 1524 zunehmend deutlich erkennbaren
gärenden Unruhe in den unteren Schichten der Bevölkerung.

3. Trennungen

Das Problem der Willensfreiheit

Luthers Auftreten in der Öffentlichkeit ging schnell über die Behandlung theologischer und spezifisch religiöser Themen hinaus. Er selbst trug dazu bei, indem er die moralischen und sozialen Missstände in der Kirche attackierte, den Humanisten entgegenkam und sich die nationale Stimmung gegen Rom zu eigen machte. Infolgedessen sammelten sich unter seinem Namen sehr unterschiedliche Überzeugungen und Zielsetzungen. Die Auseinandersetzungen damit und die Abgrenzungen von ihnen bestimmten die folgenden Jahre.

Um die Reform der Kirche und Gesellschaft bemühte sich Erasmus von Rotterdam schon seit längerem.[49] Er setzte darauf, dass die führenden Kreise der Gesellschaft, Politiker, Vertreter der Kirche und sämtliche humanistisch gebildeten Persönlichkeiten zusammen in der Besinnung auf die auch in sittlicher Hinsicht exemplarischen Schriften der Antike – wozu er nicht zuletzt die Bibel zählte – sowie auf ein vorbildliches Leben ausstrahlend und erneuernd wirken würden. Ein solcher Prozess der Reformen durch Bildung und Kultur, der sich von oben nach unten durchsetzen müsste, konnte nur schrittweise und behutsam vor sich gehen. Als das Manifest dieser Bestrebungen galt weithin das 1518 in zweiter Auflage erschienene „Handbüchlein eines christlichen Streiters" (Enchiridion militis christiani). Es avancierte regelrecht zum Bestseller. Erasmus proklamierte das optimistisch gestimmte Idealbild eines Menschen, der bestrebt ist, durch ein geistig verinnerlichtes und äußerlich vorbildliches Leben von ganzem Herzen ein wahrer Christ zu sein. „So wird der Herr seinerseits sich dem nähern, der sich ihm naht, und wenn du dich nach Kräften mühst, dich von deiner Finsternis und dem Rauschen der Sinne zu erheben, so wird jener dir zuvorkommend entgegeneilen aus seinem unzugänglichen Licht und seiner unendlichen Stille."[50]

Zunächst hatte Erasmus die Vorgänge in Wittenberg zwar distanziert, aber doch mit freundlichem Interesse verfolgt. Luther erschien ihm wie einer seiner vielen Gefolgsleute in Deutschland und Europa. Daher weigerte sich Erasmus, den Wittenberger als Ketzer zu bezeichnen und zu verurteilen. Kurz vor dem Wormser Reichstag bescheinigte Erasmus dem sächsischen Kurfürsten, dass Luther in vielem Recht habe und vor allem noch keineswegs widerlegt sei. Man konfrontiere also den Wittenberger Professor mit gelehrten Männern in einem öffentlichen Gespräch! Friedrich der Weise hörte und verbreitete dieses Urteil verständlicherweise mit Vergnügen.

Doch angesichts der Ausweitung der „Luthersache" zu einer Volksbewegung äußerte sich Erasmus zunehmend kritisch. Luther benehme sich wie ein Bauer und zerstöre durch sein Vorgehen die guten Ansätze einer positiven Reform. Eine Massenbewegung, in der alle, auch ungebildete und ungelehrte Handwerker und Bauern, über schwierige und kirchliche Probleme mitreden wollten, musste in seinen Augen zu einer neuen und schlimmeren Barbarei führen. So wurden die Äußerungen von Erasmus über Luther und die Reformation argwöhnischer, scharfzüngiger, unfreundlich und schließlich unverhohlen ablehnend. Die Wittenberger verhielten sich nicht anders. Längst schon hatte Luther dem Humanisten die theologische Kompetenz bestritten.[51] Melanchthon verhielt sich kaum anders. Von der Betonung der Erbsünde in den Loci sowie der Ablehnung des freien Willens war die Rede. Noch 1523 urteilte er in der genannten Vorlesung über das Johannesevangelium, dass Vernunft und freier Wille nichts anderes seien als „gottlose Vokabeln".[52] Trotzdem blieb Melanchthon bemüht, dem öffentlichen Streit aus dem Weg zu gehen. Deshalb reiste Camerarius – wie bereits erwähnt – im Mai 1524 von Bretten aus weiter nach Basel, um eine Übereinkunft mit den Wittenbergern einzufädeln. Doch deren Vorschlag, jeden seinen jeweils eigenen Weg gehen zu lassen, widersprach dem Selbstbewusstsein des gefeierten Humanisten. Zudem drängten die Altgläubigen Erasmus, endlich öffentlich gegen Luther aufzutreten. Das Ergebnis war die im Herbst 1524 erschienene Abhandlung „Über den freien Willen" (De libero arbitrio Diatribe).[53]

So leicht und elegant Erasmus seinen Angriff vortrug: Es ging ihm um die Verteidigung seines Lebenswerkes. Denn so wie er Ethik und Pädagogik, Bildung und Vergeistigung des Menschen verstand, ruhten sie auf der Voraussetzung, dass es die Freiheit des Willens gab, dass der einzelne in der Lage war, Entscheidungen zu fällen und Verantwortung dafür zu übernehmen. Sicherlich war diese Fähigkeit Gnade, ein Geschenk. Aber der Mensch musste doch in der Lage sein, sie entweder anzunehmen oder abzulehnen. Was die Dogmen anbelangte, unterwarf sich Erasmus der Lehre der Kirche. Doch die nach seinem Verständnis zentrale Botschaft des Christentums, nämlich Sittlichkeit und Nächstenliebe, brach zusammen, wenn es keinen freien Willen gab. Über alle anderen theologischen Fragen wollte Erasmus gern mit sich reden lassen, denn darüber könne man ohnehin nichts Sicheres wissen. Er jedenfalls sei ein ausgesprochener Skeptiker.

Erasmus war überzeugt, mit diesem Werk die Grundlagen der Humanität, der christlichen Bildung, Wissenschaft und Kultur gegen die Barbarei verteidigt zu haben. Hochgemut schenkte er deshalb das Buch hochgestellten Persönlichkeiten, wie z. B. Heinrich VIII. von England, Papst Clemens VII. oder Georg von Sachsen. Das Luther zugedachte Exemplar schickte er Melanchthon. Im Begleitbrief kritisierte er erheblich deutlicher als im „Freien Willen" dessen falsche Auffassung.[54]

Luther antwortete erst nach einem Jahr. 1525 erschien sein Buch „Über den unfreien Willen" (De servo arbitrio).[55] Eingangs erklärte er polemisch, sein Buch sei eigentlich überflüssig, weil Melanchthon in den Loci bereits alles zum Thema gesagt habe; und dieses Werk sei es wert, in den Kanon aufgenommen zu werden. Davon war schon die Rede. Luther fuhr fort: Erasmus habe fraglos ein zentrales Problem aufgegriffen. Doch von der Offenbarung und von Gottes Wort habe er nichts begriffen. Skepsis sei die angemessene Haltung? „Hebe die verbindlichen theologischen Aussagen auf und Du hast das Christentum aufgehoben", setzte Luther dagegen. In der Bibel gebe es sachliche Unklarheiten und sogar Widersprüche? „Nimm Christus aus der Heiligen Schrift – was wirst Du dann noch darin finden", antwortete Luther. Über Christus aber informierten das Apostolische Glaubensbekenntnis sowie die altkirchlichen Dogmen hinlänglich. Niemand könne bezweifeln, dass die Bibel vom umfreien, geknechteten, versklavten Willen des Menschen rede, fuhr Luther fort. Das sei moralisch bedenklich? Wer bist Du denn, dass Du Gott Vorschriften machen willst, erwiderte Luther. Der Mensch ist nicht frei, er wird entweder von Gott oder vom Teufel geritten. Der Gott der Bibel ist ein radikal anderer als derjenige, der in den harmlosen moralischen Aussagen des Erasmus vorkommt. Der in der Bibel bezeugte Gott ist offenbar und gleichzeitig zutiefst verborgen. Er begegnet als schrecklicher Rächer und ist doch Inbegriff der Barmherzigkeit. Er lässt den Menschen Sklave sein und zieht ihn gleichzeitig bedingungslos zur Verantwortung. Genau wie Erasmus fasste Luther in diesem Werk, das zu seinen großartigsten und tiefgründigsten gehört, seine gesamte Theologie zusammen. In harten Formulierungen und steilen Sätzen wurde der Mensch von sich weg gerufen und hin zu Gottes Erbarmen in Jesus Christus.

Melanchthon stand in dieser grundsätzlichen theologischen Auseinandersetzung weder auf der einen noch der anderen Seite. „Das Buch von Erasmus sprach ihn sehr an, das von Luther traf ihn ins Herz", hat einer seiner Biografen gemeint.[56] Er bedrängte jedenfalls Luther – erfolgreich –, den Streit nicht fortzusetzen und zur Antwort des Erasmus, dem „Hyperaspistes", zu schweigen.[57] Gleichzeitig entwarf Melanchthon ein eigenes Konzept. Dabei distanzierte er sich von Erasmus ebenso wie von Luther, freilich in sehr unterschiedlicher Weise. Erasmus warf er vor, dass dieser den Streit leichtfertig vom Zaun gebrochen habe und dabei ebenso flach wie selbstbewusst argumentiere. Der Vorwurf gegen Luther lautete, dass der Reformator das Problem derart kompliziert und paradox abgehandelt habe, dass ihm ein einfacher Christ unmöglich folgen könne. Es galt also, einen Weg zwischen diesen Extremen zu finden.

Melanchthon zielte auf die Unterscheidung und tendenziell durchaus die Scheidung des geistlichen vom weltlichen Bereich, der irdischen und göttlichen Gerechtigkeit. Dieser Gesichtspunkt hatte z. B. in seiner Stellungnahme für Philipp von Hessen eine wichtige Rolle gespielt. An diesem Text ließ sich aber auch ablesen, worauf Melanchthon nun zunehmend das Gewicht legte: Die geistliche Gerechtigkeit war allein Gottes Gabe und Geschenk. Daran konnte der Mensch nicht mitwirken, da zählte sein Wille nicht. Ganz anders sah es dagegen auf der Ebene der irdischen, der zivilen Gerechtigkeit aus. Hier war der Wille des Menschen gefordert, seine Entschlossenheit zu gutem Tun und sein Verantwortungsbewusstsein für sein Handeln. Und diese Dimension unterstrich und entfaltete Melanchthon nun zunehmend. Seine Antwort auf das Problem der Freiheit oder Unfreiheit des menschlichen Willens ging also dahin, dass Melanchthon es von der grundsätzlichen theologischen Ebene auf die der Ethik und Pädagogik verlagerte. Dass der Mensch nicht über die Möglichkeit oder Unmöglichkeit der Willensfreiheit spekulierte, sondern sich bemühte, in dem Rahmen und Raum, der ihm gegeben war, moralisch vorbildlich und sittlich gut zu handeln, darauf kam es an. Deshalb konzentrierte sich Melanchthon in seinen Überlegungen und Stellungnahmen auf dieses Thema.

Sicherlich drohte bei diesem Konzept die Gefahr, dass es nun zwei Bereiche gab, denjenigen der Offenbarung und den der Vernunft, die relativ unabhängig voneinander existierten. So hatte die Lösung der scholastischen Theologie und Philosophie ausgesehen. Melanchthon umging diese Schwierigkeit durch die Verklammerung beider Bereiche mit der Rechtfertigungslehre. In geistlichen Belangen gab es keinen freien Willen, keine Mitwirkung des Menschen an seiner Erlösung. Doch der Gerechtfertigte tat gute Werke. Hier, im Bereich der bürgerlichen Gerechtigkeit, konnten der Wille und die Verantwortung des Menschen angesprochen werden. Doch auch der gerechtfertigte neue Mensch war nicht ohne Sünde, er blieb den Versuchungen des Teufels ausgesetzt. Das bedeutete aber, dass dieser Mensch dauerhaft in der Gefahr stand, sich mit seinem ordentlichen, guten Tun, das dem Raum der vernünftigen Sittlichkeit und bürgerlichen Moral angehörte, selbst rechtfertigen zu wollen. Insofern blieb der Glaubende dauerhaft auf die Vergebung seiner Sünden und mithin auf die Rechtfertigung durch Gottes Barmherzigkeit angewiesen.

Melanchthon hat dieses Konzept von unfreiem Willen und Willensfreiheit, von menschlicher Fähigkeit zu gutem Tun und der Unfähigkeit, an seinem Heil mitzuwirken, ausführlich in seinem 1527 erschienenen Kommentar zum Kolosserbrief entfaltet.[58] Dahinter standen die Erlebnisse des Bauernkriegs und insbesondere seine Erfahrungen als Mitglied der Visitationskommission für die Kirche in Thüringen. Im amtlich publizierten „Unterricht der Visitatoren" schrieb Melanchthon dann 1528 über den freien Willen: „Der Mensch hat aus eigener Kraft einen freien Willen, äußerliche Werke zu tun oder zu lassen, durch Gesetz und Strafe getrieben. [...] Er hat eine Wahl und Freiheit, vor Bösem zu fliehen und Gutes zu tun. Es fordert auch Gott solche äußerliche oder weltliche Gerechtigkeit. [...] Doch wird diese Freiheit durch den Teufel behindert." Und weiter: „Zum andern kann der Mensch aus eigener Kraft das Herz nicht reinigen und göttliche Gaben wirken, nämlich wahrhaftige Reue über die Sünde, wahrhaftige und nicht erdichtete Furcht Gottes, wahrhaftigen Glauben, herzliche Liebe, Keuschheit, nicht rachgierig sein, wahrhaftige Geduld, sehnliches Bitten, nicht geizig sein usw."[59]

Der Bauernkrieg

Die reformatorische Bewegung war nicht die Ursache des großen Bauernkriegs. Aber sie verlieh ihm die Parolen, die Überzeugung, für eine gerechte Sache zu streiten, auch den Schwung, für die Wahrheit Gottes, das Evangelium zu kämpfen. Doch alles das war lediglich ein zusätzliches Element, das allerdings ein gewisses einendes Band zwischen den sonst tiefgreifenden politischen, sozialen und mentalen Unterschieden unter den aufständischen Bauern knüpfte. Es waren keine verelendeten Existenzen, die sich gegen ihre Herrschaften erhoben, sondern durchaus selbstbewusste Menschen, die nicht zuletzt durch den Blick auf die freien Bauern in der Schweiz es diesen gleichtun wollten. Sie erlebten, dass die traditionelle Herrschaftsordnung durch den Frühkapitalismus ins Wanken geriet. An die Stelle des alten personalen Vertrauensverhältnisses zwischen Obrigkeit und Untertanen traten unpersönliche Rechtsstrukturen und sachliche Verordnungen, orientiert zumeist am Römischen Recht. Dieser Prozess wurde in jenen Gebieten am härtesten erfahren, wo relativ viele Adelige in kleinen, zerrissenen Territorien regierten und deshalb verstärkten Druck auf ihre Bauern ausübten, um in einer Zeit des Umbruchs weiterhin ein standesgemäßes Leben führen zu können. Es war also kein Zufall, dass es in diesen Regionen seit dem Sommer 1524 zu bäuerlichen Tumulten, Zusammenrottungen, Ausschreitungen und schließlich zu bürgerkriegsähnlichen Aufständen kam: im Allgäu und im Bodenseeraum, im Schwarzwald, im Elsass, Franken und Thüringen. Die größeren Territorien dagegen wurden höchstens am Rande vom Bauernkrieg berührt.

Die konservative Gesinnung der großen Mehrheit der Revoltierenden kam in den Memminger „Zwölf Artikeln" zum Ausdruck, die man als ihre Programmschrift bezeichnen kann. Diese Sätze wurden am 7. März 1525 von der „christlichen Vereinigung" der Bauern des Schwarzwaldgebiets, des Allgäus sowie des Bodenseeraums beschlossen und in mehr als 25 Drucken in großen Teilen Deutschlands verbreitet.[60] Eine zentrale Rolle spielte hierin die Bibel: Ihre Weisungen mussten befolgt werden, hieß es eingangs. Und wer für die Geltung dieser göttlichen Gebote eintrat, könne nicht als Aufrührer bezeichnet werden.

Im ersten der Zwölf Artikel verlangten die Bauern freie Pfarrerwahl, und am Schluss erklärten sie sich bereit, sich über ihre Forderungen aus der Bibel belehren zu lassen. Das war fraglos eine

Wirkung der Reformation. Die anderen Artikel des Programms forderten die Abschaffung des kirchlichen Zehnten sowie der Leibeigenschaft, die Rückgabe des Fisch- und Jagdrechts an die Dorfgemeinschaft, ebenso des Rechts der Nutzung des Waldes sowie der Allmende, also des ursprünglich von der Dorfgemeinschaft genutzten Weidelands. Sodann wünschte man die Erleichterung verschiedener Abgaben an die Grundherren und anschließend das Festhalten an der bewährten alten Ordnung, statt dass „man immer neue Satzungen mache".

Die Wittenberger lernten diese Artikel um den 10. April 1525 kennen. In Eisenach, wohin Luther, Melanchthon und Johannes Agricola am Ostersonntag, dem 16. April, fuhren, um eine neue Lateinschule mit Agricola als Rektor zu eröffnen, schrieb Luther seine „Ermahnung zum Frieden auf die 12 Artikel der Bauernschaft in Schwaben".[61] Luther mahnte beide Seiten, die Bauern ebenso wie die Herren, zu Geduld und Mäßigung. Allerdings kritisierte er die Herrschaften erheblich schärfer, weil sie die Verkündigung des Evangeliums behinderten. Einzelne Forderungen der Bauern erschienen ihm angemessen. Doch darüber könne und wolle er nicht entscheiden, weil das in die Zuständigkeit der Obrigkeiten falle.

In der Woche nach Ostern waren Luther und Melanchthon unterwegs, nach Stolberg, Nordhausen, Weimar und Jena. Manchmal drohte und schimpfte man hinter ihnen her. Steine flogen. Die Wittenberger sahen geplünderte Klöster und zerstörte Burgen. Am 16. Mai waren sie wieder in Wittenberg, Friedrich der Weise war gestorben. Jetzt schrieb Luther seine brutale Flugschrift „Wider die räuberischen und mörderischen Rotten der Bauern", die zusammen mit seiner „Ermahnung zum Frieden" gedruckt werden sollte.[62] Doch der Aufruf erschien auch selbstständig und fand weite Verbreitung. Als der Text bekannt wurde, wütete bereits die Rache der Herrschenden.

Sie hatten sich angesichts des ersten Aufbegehrens der Bauern ausgesprochen hilflos gezeigt. Man ging zunächst auf einzelne Forderungen ein und versuchte vor allem, Zeit zu gewinnen. Während sich die Bauern nun zufrieden zerstreuten oder plünderten und zechten, warteten die Obrigkeiten ab. Bis zum März reihten die Bauern einen Erfolg an den andern. Seit April kam es zu militärischen Zusammenstößen, zu blutigen Kämpfen und schließlich zu einer Niederlage der Bauern nach der anderen. Am 15. Mai wurde das von Thomas Müntzer geführte Heer ohne großen Widerstand bei Frankenhausen vernichtend geschlagen. Müntzer wurde gefangen, schwer gefoltert und am 27. Mai hingerichtet. Der Herzog von Lothringen metzelte einen Bauernhaufen am 17. Mai bei Zabern im Elsass nieder. Kurfürst Ludwig V. von der Pfalz vereinte seine Truppen mit denen des Schwäbischen Bundes, entsetzte die von den Bauern belagerte Festung Würzburg und zerschlug am 23. Juni 1525 das letzte Heer der Bauern in der Nähe von Worms.

Melanchthon reagierte auf die ersten Nachrichten vom Aufstand der Bauern regelrecht verzweifelt.[63] Alles sah er bedroht: die bürgerliche Ordnung, die Kirche und nicht zuletzt das eigene Leben. Wie Luther sah er den Teufel am Werk: Der habe sich bereits in den Zwickauer Propheten gezeigt, auch in Karlstadt – und nun insbesondere in Thomas Müntzer, den Luther als den „Mordpropheten" bezeichnete. Als Melanchthon dann vom Gemetzel an den Bauern erfuhr, äußerte er tiefe Betroffenheit. Doch die Fürsten mussten so handeln, urteilte er. Entscheidend sei jedoch, dass der böse Geist, der hinter den Ereignissen stand, nun entlarvt sei.

Während Luther in der geschilderten Weise reagierte, schwieg Melanchthon in der Öffentlichkeit, ließ jedoch über von ihm formulierte, schroff ablehnende Thesen gegen den Aufruhr der Bauern in Wittenberg disputieren. Seine Auffassung legte er in einem Anfang

Juni abgeschlossenen Gutachten „Gegen die Artikel der Bauern-
schaft" nieder.[64] Veranlasst hatte es Kurfürst Ludwig von der Pfalz.
Mit den aufständischen Bauern war am 10. Mai vereinbart worden,
dass Johannes Brenz von Schwäbisch Hall und Melanchthon als
Schiedsrichter mit ihnen über die Zwölf Artikel verhandeln sollten.
Wenn Melanchthon nicht kommen könne, sollte er sich schriftlich
äußern. Als der Wittenberger diese Aufforderung erhielt, war der
Kurfürst jedoch bereits zur Niederwerfung der Bauern aufgebrochen.

In seinem Gutachten argumentierte Melanchthon sachlich kühl
und grundsätzlich. Man müsse sehen, dass nicht alle rebellierenden
Bauern Aufrührer seien. Viele würden sich dem Evangelium zuwenden, hätte man sie besser belehrt. Andere ließen sich einfach mitrei-
ßen. Daher gelte es, grundsätzlich darzulegen, worum es in Evangelium und Gesetz gehe: Das Evangelium wende sich gegen Tumult
und Aufruhr. Zu ihm gehörten stattdessen Glaube, Gehorsam und
sittliches Handeln. Damit diese in der Gesellschaft erhalten und gefördert würden, habe Gott das Gesetz gegeben, das die Obrigkeiten
exekutierten. An diesem Punkt durchbrach Melanchthons Empörung über die Bauern seine nüchterne Argumentation: Nicht zuletzt
aufgrund der Bindung an das Römische Recht forderte er härtere
und strengere Gesetze für Menschen, die sich in seinen Augen bar-
barisch und zuchtlos gegen alles Recht und sämtliche Ordnungen
wandten. „Es ist ein solches ungezogenes, mutwilliges, blutgieriges
Volk, die Deutschen, dass man es billig viel härter halten sollte. [...]
Ja, es war notwendig, dass ein solches wildes, ungezogene Volk, wie
es die Deutschen sind, noch weniger Freiheiten hätte, als es hat."[65]
Für die Untertanen folgte daraus: Sie mussten den Gesetzen der Obrigkeit gehorchen, auch den schlechten und ungerechten. Ebenso
war die Leibeigenschaft hinzunehmen. Jede Empörung richtete sich
direkt gegen Gott. Und dass Derartiges im Namen des Evangeliums

geschah, erschien Melanchthon vollends unerträglich. Die Fürsten müssten sich für ihr Tun vor Gott verantworten, jedoch nicht gegenüber Menschen. Immerhin hielt Melanchthon die Abschaffung der bäuerlichen Abgaben bei einem Todesfall in ihrer Familie für erwägenswert. Die freie Wahl eines Predigers billigte er. Allerdings müssten die Bauern ihn selbst bezahlen.

Im Anschluss an diese Ausführungen wandte sich Melanchthon an die Obrigkeiten. Die Beseitigung der kirchlichen Missstände, die Anstellung gelehrter Prediger, die Unterweisung und Erziehung der Bevölkerung zu einer besseren Lebensführung bezeichnete er als die zentralen Aufgaben der Fürsten. Und sie sollten nun, nach ihrem Sieg, Milde üben und Barmherzigkeit gegenüber den Untertanen walten lassen. Nicht Willkür und gewaltsame Unterdrückung der Bauern könnten den von allen gewünschten Frieden schaffen und erhalten, sondern Belehrung und Geduld. Schließlich forderte Melanchthon die Säkularisierung der Kirchengüter und die Nutzung dieser Erträge zur Milderung der sozialen Spannungen, für die Armen sowie die Errichtung von Schulen.

Wenige Tage nach der Fertigstellung dieses Gutachtens erfuhr Melanchthon, dass Luther am 13. Juni 1525 Katharina von Bora geheiratet hatte. Sie war die letzte noch unversorgte frühere Nonne, die im April 1523 mit zwölf anderen aus dem Zisterzienserinnenkloster Nimbschen geflohen war. Entgegen dem Brauch fanden Verlobung und Trauung am selben Tag statt. Bugenhagen traute das Paar, Zeugen waren Justus Jonas und der Jurist Johannes Apel sowie Lukas Cranach und dessen Frau Barbara, die sich besonders um Katharina von Bora gekümmert hatte.

Luther wollte mit seiner Eheschließung in der von ihm apokalyptisch gedeuteten letzten Zeit seine Verkündigung gegenüber dem Teufel mit der Tat bezeugen. Die Öffentlichkeit reagierte verständnislos, erschrocken oder hämisch. Erasmus etwa behauptete, Luther habe heiraten müssen, denn schon wenige Tage nach der Hochzeit sei er Vater geworden. Doch Erasmus sprach auch aus, was damals viele empfanden: „Er hat sein Vergnügen bei dieser blutigen Krise, und diese Krise hat rund hunderttausend Bauern den Tod gebracht."[66]

Melanchthon wusste nichts von Luthers Plan – und war entsetzt. Sein Brief an Camerarius vom 16. Juni, vorsichtshalber griechisch verfasst, zeigte Melanchthons Bemühen, mit Hilfe vieler vernünftiger Argumente seiner Erschütterung Herr zu werden.[67] Da hieß es: „Luther hat unerwartet und ohne einen seiner Freunde ins Vertrauen zu ziehen, die Bora geheiratet. […] Ihr werdet sehr erstaunt sein, dass er in dieser elenden Zeit, in der überall gute und ehrenwerte Männer sich gewaltig abmühen, er dagegen nicht nur nicht in gleicher Weise schmerzlich bewegt ist, sondern sich um jene Übel überhaupt nicht zu kümmern scheint." Melanchthon fuhr fort: „Es wird, denke ich, sich so zugetragen haben: Der Mann ist überaus gutmütig, und die Nonnen haben alle ihre Künste darauf verwandt, ihn an sich zu ziehen. Vielleicht hat der häufige Umgang mit den Nonnen ihn bei all seiner edlen Natur und Seelengröße weich gemacht und entflammt. Auf diese Weise scheint er in diese unzeitgemäße Veränderung seines Lebensstandes hineingeraten zu sein. Das Geschwätz aber, dass er sie schon vorher entjungfert habe, ist bestimmt erlogen." Und weiter: „Nun, nachdem es geschehen ist, soll man sich nicht aufregen oder schimpfen. Ich glaube vielmehr, man ist von Natur gezwungen zu heiraten." Melanchthon meinte, Luther wirke deprimiert und unsicher, ob er wohl recht gehandelt habe. Deshalb gebe er, Melanchthon, sich auch große Mühe, Luther herzlich zu begegnen. Es sei zu hoffen, dass Luther durch die Heirat in seinem ungezügelten Verhalten – „was uns so beschwerlich ist"

– gemäßigt werde. „Ich kann mir auch vorstellen, dass Euch bange
ist." Melanchthon schloss: „Und möchte es so sein, dass Luther ver-
kehrt gehandelt hat, so wage ich doch nicht, jenes Faktum als Irrtum
oder Fehltritt zu verdammen." Ganz in diesem Sinn nahm Melanchthon dann an Luthers Hochzeitsfeier am 27. Juni 1525 teil.

Streit über das Abendmahl

Die innerprotestantischen Auseinandersetzungen über das richtige Verständnis des Abendmahls begannen als leichtes Geplänkel
und mündeten in einen erbitterten Krieg, der tiefe, weit über dieses
Thema hinausreichende Gegensätze aufriss und die gesamte weitere
Geschichte der Reformation beeinflusste. Luther und Zwingli führten die jeweiligen Lager an. Melanchthon spielte in diesem Kampf
zunächst keine Rolle.[68]

Einig waren sich der Wittenberger und der Zürcher Reformator
in der Ablehnung der Transsubstantiationslehre, wonach der Priester in der Messe die Wandlung der Elemente Brot und Wein in den
Leib und das Blut Christi vollzog. Sie stimmten auch darin überein, dass es bei diesem Sakrament entscheidend auf den Glauben
ankomme. Das hieß für Luther: Der Christ empfängt im Abendmahl Christus, der unter Brot und Wein zu ihm kommt. Für Zwingli
bedeutete es: Christi Geist verbindet sich mit dem einzelnen und
der Gemeinschaft derer, die seiner im Abendmahl gedenken. Diese zunächst noch keineswegs klaren Unterschiede gewannen durch
die Auseinandersetzung mit Karlstadt Profil. Der ehemalige Kollege
und nun erbitterte Gegner Luthers veröffentlichte im Oktober 1524
in Straßburg fünf Traktate, in denen er eine rein spiritualistische
Deutung der Abendmahlsworte vortrug: Jesus habe bei der Einsetzung des Mahls auf sich gezeigt, weshalb es darum gehe, ihn rein

geistlich anzunehmen. Diese Interpretation machte Eindruck, überzeugte jedoch auch Zwingli nicht. Das geschah erst durch den Niederländer Hinne Rode, der Ende November 1524 mit dem Lehrbrief seines Landsmanns Hoen nach Straßburg kam. Hoen deutete das „ist" der Einsetzungsworte aufgrund des Vergleichs mit anderen biblischen Aussagen als „bedeutet". Die Elemente Brot und Wein verwiesen demnach auf das Erlösungswerk Christi, umfassten jedoch nicht seinen Leib und sein Blut. Diese Deutung überzeugte Zwingli nicht zuletzt deshalb, weil hier auch die exegetische Begründung für sein geistliches Verständnis des Abendmahls gegeben war. In seinem 1525 erschienenen „Kommentar über die wahre und falsche Religion" (Commentarius de vera et falsa religione) legte Zwingli dementsprechend alles Gewicht auf das Verständnis des Abendmahls als Gedächtnismahl.[69] Die Gläubigen waren mit Christus verbunden und verpflichteten sich in dieser Feier zu gehorsamer, mutiger und treuer Nachfolge. Zwingli vermied folgerichtig den Begriff des Sakraments und sprach, im Anschluss an Tertullian, lieber von einem „Fahneneid".

Warum stichelte und polemisierte Zwingli sogleich gegen Luther? Zunächst und vor allem war er überzeugt, wissenschaftlich und theologisch im Recht zu sein. Er hielt seine Interpretation der Abendmahlsworte für die zutreffende und beurteilte Luther als einen auf halbem Weg stehen gebliebenen Papisten. In diese Position ließ sich Zwingli allerdings auch durch die geschickte Politik des päpstlichen Legaten Kardinal Cajetan drängen, der ein Kesseltreiben gegen die Zürcher orchestrierte, wonach Luther und die Altgläubigen, Rom und Wittenberg an der wahren kirchlichen und christlichen Lehre vom Abendmahl festhielten, die von Schwärmern, Ketzern und Aufrührern bekämpft würde. Ebenso attackierten die innerschweizerischen katholischen Orte Zwingli. Sein Versuch eines

Befreiungsschlages durch die 1526 veröffentlichte „Klare Unterrichtung vom Nachtmahl Christi", worin er Luther mitsamt den Altgläubigen angriff und verurteilte, misslang.[70] Luthers Antwort, der „Sermon von dem Sakrament des Leibes und Blutes Christi wider die Schwarmgeister", zeigte bereits im Titel seine Position.[71] Zwingli und dessen Anhänger rückte er jetzt – und dauerhaft – sehr nahe an Karlstadt, Thomas Müntzer und die aufständischen Bauern. Erbitterung und Empörung herrschten fortan auf beiden Seiten.

Wir müssen diesen Streit zunächst nicht weiter verfolgen, weil Melanchthon dabei kaum eine Rolle spielte. In den Loci hatte er das Thema nur sehr allgemein und am Rande berührt. Gegenüber Zwingli war er seit 1524 in höchstem Maß voreingenommen. Er sah den Schweizer in einer Linie mit den „Zwickauer Propheten", die Deutung des Abendmahls spielte dabei keine Rolle. Sachlich vertrat Melanchthon die Auffassung Luthers, aber sie bewegte ihn nicht. Deshalb konnte er den Abendmahlsstreit als ein Ärgernis bezeichnen, das die Erbauung der Christen und die Erneuerung der Kirche behinderte.[72] Eher lustlos beschäftige er sich mit dieser „widerwärtigen, dunklen und profanen Streitfrage", teilte er am 12. Januar 1525 Oekolampad mit.[73] Lese man die Einsetzungsworte im Korintherbrief im Zusammenhang, sei doch klar: Der „natürliche Leib Christi" wird empfangen. Rational auflösen lasse sich das nicht. Im Übrigen möge Oekolampad bedenken, dass er mit seiner Interpretation des „bedeutet" einer Rationalisierung Tür und Tor öffne, die schließlich alle dogmatischen Aussagen auflösen müsse.

Wenige Tage später teilte Melanchthon Thomas Blarer mit, lediglich Leute, die weder Gewissen noch Pflichten hätten, stritten beim Abendmahl über Nebensächlichkeiten.[74] Blicke man dagegen auf die echte, alte Tradition der Kirche, wie sie die Kirchenväter bezeugten, stehe fest: Sie lehrten übereinstimmend, „dass der wahre Leib Christi wirklich gegenwärtig sei". Melanchthon mahnte seine Freunde in Süddeutschland, dieses Faktum doch anzuerkennen. Dann wären die gegenwärtigen Probleme schnell gelöst und es herrschten Friede und Eintracht.

Unverkennbar äußerte sich Melanchthon nur dann ausführlicher zum Thema Abendmahl, wenn es um Angriffe auf die Wittenberger Position ging. Er selbst zeigte sich daran auch weiterhin wenig interessiert. Allgemeine Aussagen wie die, dass Christus in der Eucharistie gegenwärtig sei oder dass Christi Leib nach göttlicher Verheißung und Anordnung hier präsent sei, genügten ihm.

Die große Politik diktierte dann andere Themen. Kaiser Karl V. hatte sich jahrelang nicht in der Lage gesehen, gegen die Anhänger der Reformation entsprechend den Verurteilungen des Wormser Edikts vorzugehen. Frankreich, der Papst sowie die Türken hielten ihn im Atem. Bei Mohacs vernichteten letztere das ungarische Heer, der junge König fiel. Ferdinand, Karls Bruder, übernahm nun die Herrschaft über Rest-Ungarn. Der Speyrer Reichstag im Sommer 1526 stand dann völlig im Schatten dieser Ereignisse. Der Kaiser benötigte die Hilfe der Reichsstände für den Krieg gegen die Türken. Die Religionsfrage trat dahinter zurück. Die Stände wollten keine Veränderungen bis zum Konzil oder einer Nationalversammlung, die spätestens in eineinhalb Jahren zusammentreten sollte. Deshalb beschlossen sie am 27. August 1526, mit ihren Untertanen „für sich also zu leben, zu regieren und sich zu halten, wie ein jeder solches gegen Gott und kaiserliche Majestät hoffet und vertraue zu verantworten".[75] Da kirchliche Veränderungen hierdurch nicht ausdrücklich verboten waren, konnte dieses Provisorium die Basis bilden für die weit reichenden kirchlichen Reformen unter der Leitung der

Fürsten – in Kursachen, Hessen und vielen anderen Territorien. Die bis dahin bezogenen theologischen und kirchlichen Positionen mitsamt den Abgrenzungen gegeneinander gewannen nicht zuletzt dadurch prägende Bedeutung. Auch davon wird in den folgenden Kapiteln zu berichten sein.

4. Der Pädagoge

Der akademische Lehrer

Bereits der Student Melanchthon zeigte eine besondere pädagogische Begabung. Und er verfügte mindestens ebenso sehr über den Willen, sein Wissen und seine Kenntnisse an Schüler und Mitstudierende weiterzugeben.[76] Sicherlich spielte bei diesen Veröffentlichungen auch der Drang des jungen Gelehrten eine Rolle, sich zu profilieren, bekannt und berühmt zu werden. Doch wie z. B. seine oben erwähnte griechische Grammatik belegt, wirkte dieses Lehrbuch besonders anregend, weil Melanchthon sich auf die Seite der Lernenden stellte, ihre Rückfragen aufzunehmen versuchte, praktische Hilfen anbot und den Stoff durch Beispiele anschaulich machte und lebendig vermittelte. Seine weitgehend in Tübinger Lehrveranstaltungen erarbeitete und dann 1519 in Wittenberg gedruckte Rhetorik wies in dieselbe Richtung, ebenso die Dialektik von 1521.

Beherrscht und getragen von dieser Überzeugung kam Melanchthon nach Wittenberg. Seine Antrittsvorlesung war dafür ein geradezu klassischer Beleg. Dass er dann nicht, wie geplant, seine humanistischen Intentionen auf breiter Ebene fortsetzte, lag an der Begegnung mit Luther und der Konfrontation mit dessen Theologie. Darauf konzentrierte sich Melanchthon zunächst, davon habe ich berichtet. Diese veränderte Zielsetzung bedeutete jedoch keineswegs Melanchthons Abkehr von seinen pädagogischen Bemühungen, vielmehr deren spezifische theoretische und praktische Erweiterung.

Was das bedeutete, lässt sich gut an seiner „Privatschule" (Schola privata) veranschaulichen. Sie wurde von ihm entweder 1519, als er einen Famulus einstellte, oder 1520, nach der Heirat und Gründung eines eigenen Hausstandes, eingerichtet. Sie existierte rund zehn Jahre lang, bis Melanchthon sie aufgrund allzu großer Belastungen nicht weiterführen konnte. Den Anstoß zur Gründung gaben kaum primär wirtschaftliche Erwägungen, sondern soziale, pädagogische und theologische Überlegungen. Zumindest den äußeren Anlass bildete der Verfall der Bursen. Bei diesen Einrichtungen handelte es sich – wie schon erwähnt – um eine wichtige Institution der mittelalterlichen universitären Erziehung. Die oft sehr jungen Menschen wohnten, schliefen, aßen, lebten und lernten hier zusammen unter einem Dach. Orientiert waren die Bursen am Vorbild des Klosters. Andachten gliederten den Ablauf des Tages. Die Zeiten für die Vorlesungen, Übungen und privates Lernen waren genau festgelegt und unterlagen ständiger Kontrolle. Dasselbe galt für die Regelung der Freizeit, des Ausgangs und nicht zuletzt für Belohnungen und Strafen.

Dieses System brach jetzt in Wittenberg zusammen. Das lag einmal an der Masse der Studenten, die nun in die Stadt und an die Universität strömten. Es erwies sich schnell als unmöglich, sie in den vorhandenen Bursen unterzubringen. Aber es fehlte auch an Personal. Mit der Abschaffung der Grade eines Baccalaureus und Magisters in der Artistenfakultät entfielen die Lehrer, die in den Bursen einerseits weiter studierten und andererseits Jüngere unterrichteten. Manche Magister heirateten auch, gründeten einen eigenen Hausstand und besaßen dann weder Zeit noch Möglichkeiten, die nachwachsende Generation zu unterrichten. Und diese legte auch keinen Wert auf diese Form des Unterrichts, weil man nun nach Wunsch unterschiedliche Vorlesungen besuchen konnte und nicht länger den früheren Zwängen unterlag.

Um diesem Missstand wenigstens exemplarisch zu begegnen, gründete Melanchthon seine Privatschule. Da sich die Probleme jedoch auf diese Weise allein nicht lösen ließen, mühte er sich bei Spalatin um eine offizielle Reorganisation der Bursen. Der Versuch misslang. Eigentlich waren zwar alle Verantwortlichen dafür, doch niemand trieb das Projekt engagiert voran.

Zu einer vertretbaren Regelung kam es dann im Wintersemester 1523/24 unter Melanchthons Rektorat: Die neue Studienordnung für die Artistenfakultät übernahm die traditionellen Ordnungs- und Disziplinarregeln.[77] Sodann musste sich jeder Student einem Pädagogen unterstellen, der seinen Studienplan festlegte, ihm antike Texte für die private Lektüre vorschrieb und die Fortschritte überprüfte, außerdem die Anfertigung von schriftlichen Übungen verlangte und korrigierte. Dass dieser „Pädagoge" auch auf die Lebensführung seiner Zöglinge achtete, verstand sich von selbst. Schließlich kamen auch die Disputationen und Deklamationen wieder zu Ehren. Die Studierenden mussten sich hieran beteiligen. Bei den Deklamationen handelte es sich um Redeübungen. Sie fanden zweimal im Monat statt. Der Text war vorher einzureichen, ein Dozent überprüfte ihn. Um für die Mathematik und die übrigen Naturwissenschaften zu werben, ließ Melanchthon einmal im Monat über Themen aus diesem Bereich disputieren. Akademische Grade verlieh die Artistenfakultät jedoch auch jetzt nicht.

Melanchthons Privatschule existierte unabhängig von solchen Bemühungen. Auch hier war das Zusammenleben nach dem Vorbild der Bursen genau geregelt, mit Andachten, Übungen und Vorlesungen. Melanchthon bemühte sich um die Förderung jedes Einzelnen, persönliche Kontakte erschienen ihm unabdingbar. Das war nicht immer einfach, denn es handelte sich um eine ausgesprochen bunte Schar, die sich unter seinem Dach sammelte. Melanchthon suchte einerseits besonders begabte Studenten aus. Doch andererseits musste er immer wieder auch Jugendliche aufnehmen, die ihm hochgestellte Persönlichkeiten zuwiesen oder die von Eltern kamen, denen gegenüber er sich verpflichtet fühlte. Insofern hatte er es stets mit Menschen unterschiedlichen Alters und sehr unterschiedlicher Voraussetzungen zu tun.

Für diejenigen Studierenden, die mit minimalen Kenntnissen zu ihm kamen, verfasste Melanchthon ein „Handbuch für den Elementarunterricht" (Enchiridion elementorum puerilium).[78] Es bestand aus zwei Teilen. Im ersten wurden das Vaterunser und das Apostolische Glaubensbekenntnis sowie das Ave Maria geboten. Es folgten ein Psalm, die Zehn Gebote, Stücke aus der Bergpredigt, aus dem 12. Kapitel des Römerbriefs und schließlich, im Anschluss an Erasmus, Aussprüche der sieben Weisen der klassischen Antike. Der zweite Teil des Buches bot nach Art der Horen (Stundengebete) Gebete für den Tag im klassischen Versmaß und einen Lobpreis auf die Sittlichkeit.

Bemerkenswert ist, dass Melanchthon einen Holzschnitt der „Besonnenheit" (Sophrosyne) über dem Katheder angebracht sehen wollte.[79] Dabei handelte es sich um eine nahezu nackte sitzende Frauengestalt mit wehendem Haar, die in der Linken einen großen Strauß mit Blumen (und Dornen?) hielt und in der Rechten ein aufgeschlagenes Buch. Melanchthon nannte diese allegorische Figur in Anlehnung an Aristoteles „Sophrosyne", also Streben nach dem Edlen und Guten. Das umschloss die Lust am Lernen ebenso wie die Nächstenliebe und Geduld. Alles spricht dafür, dass Melanchthon dieses Bild bei Lukas Cranach in Auftrag gab, dessen große Werk-statt sich in der gleichen Straße befand, nur wenige Häuser weiter. Melanchthon nutzte also gezielt die bildende Kunst für pädagogi-sche Zwecke. Kennzeichnend war auch hier, wie selbstverständlich für ihn biblische und heidnische antike Traditionen ineinander grei-fen konnten. Nur am Rande sei bemerkt, dass Melanchthon ebenso wie seine Zeitgenossen offenbar keinen Anstoß an der Präsentation des Bildes einer fast nackten Frau in einem Schulraum nahmen.

Noch verschiedene andere Veröffentlichungen erwuchsen aus dieser Praxis der Privatschule. Einige der Texte, die er für die Schüler angefertigt hatte, brachte Melanchthon später in überarbeiteten Fas-sungen heraus. Anderes ließ er 1522/23 drucken, offenkundig unter dem Eindruck der Wittenberger Unruhen, die ihn veranlassten, jetzt auf breiter Front gegen jene bedrohlichen Kräfte anzugehen. Bevor jedoch von diesen Arbeiten zu berichten ist, gilt es, unter dem Ge-sichtspunkt der Pädagogik an seine „Loci communes" zu erinnern. Melanchthon verfasste eben nicht nur rhetorische Anleitungen und didaktische pädagogische Arbeiten im engeren Sinn, sondern sei-ne theologischen Werke waren von dem Bemühen bestimmt, mög-lichst eingängige und insofern wirksame Formen der Vermittlung zu finden. Diese Tendenz wuchs in den folgenden Jahren.

Vom enormen Erfolg der Loci war die Rede. Sie boten eine sys-tematische Zusammenfassung der reformatorischen Lehre, aber gleichzeitig belegten sie Melanchthons Bestreben, die Jugend päd-agogisch geschickt an die Thematik heranzuführen und die Studie-renden so zum Studium der Bibel anzuregen.[80]

Im Rahmen der Privatschule entstand wahrscheinlich der be-reits erwähnte Traktat über den Unterschied zwischen weltlicher und christlicher Gerechtigkeit. Die „Scholien zum 20. Kapitel des 2. Buches Mose" (In Caput Exodi XX Scholia), die ebenfalls hier anzusiedeln sind, waren eine Fremdedition aufgrund der Nachschrift von Schülern.[81] Die beiden erstgenannten Stücke nutzte Melanchthon dann im „Unterricht der Visitatoren". Auf dieses Werk komme ich gleich zu sprechen.

Um eine Rede vor der gesamten Universität handelte es sich bei dem bereits genannten „Lob der Beredsamkeit" (Encomium eloquentiae) aus dem Jahr 1523.[82] Keine Wissenschaft könne sie entbehren, behauptete Melanchthon, denn sie alle seien auf die Sprache zur Erfassung und Vermittlung von Sachverhalten angewiesen. Im einzelnen unterstrich er die folgenden Gesichtspunkte: Es gelte zunächst, die zentralen Gedanken zu erfassen und herauszustellen, Sinn und Bedeutung der Worte zu kennen, sich um einen durchsichtigen Satzbau zu bemühen, schließlich fesselnd zu reden. Hilfreich wäre die Einfügung passender Beispiele sowie insgesamt ein eleganter Stil – wozu freilich viel Übung gehöre. Die meisten dieser Vorschläge waren nicht neu, sie entstammten der antiken Rhetorik. Doch in charakteristischer Weise kritisierte Melanchthon nicht nur die Verachtung der sprachlichen Bildung seitens der Scholastiker sowie der Radikalen in den eigenen Reihen, sondern stellte auch erneut einen engen Zusammenhang zwischen der vulgären Verachtung der Sprache und Wissenschaft mit der Verachtung der Gaben Gottes her und schließlich mit der Verachtung Gottes überhaupt.[83]

Noch ein anderer Aspekt verdient Beachtung. Ein Mensch, der ohne Bildung lebe und agiere, bemerkte Melanchthon in dieser Rede, „renne wie ein Schwein in die Rosen".[84] In diesem Vergleich drückte sich die Verachtung des Gelehrten für Banausentum und Barbarei aus. Doch das Bild spiegelt zugleich ein Stück des ästhetischen Empfindens Melanchthons. Gewiss galt, dass das Nützliche auch das Schöne war. Aber ein vollkommener Vers, eine gelungene Formulierung, eine elegante Rede und insgesamt ein glänzender

Stil waren darüber hinaus auch schön. Nimmt man Melanchthons Hochschätzung der Musik hinzu und bedenkt seine Zusammenarbeit mit Cranach, sein persönliches Verhältnis zu Albrecht Dürer in Nürnberg und schließlich seine Kenntnis von Werken Grünewalds, wird in und hinter seiner Betonung des Nutzens der Sprachen, Bildung und Kultur etwas von Melanchthons ästhetischen Talenten und Neigungen erkennbar. Dieses Moment gehörte jedenfalls auch zu seiner Persönlichkeit.

Genannt werden muss in diesem Zusammenhang schließlich der um 1523 verfasste, jedoch erst später publizierte Text über „Frömmigkeit und Bildung" (Pietas et eruditio).[85] Die zwei Begriffe bündelten exemplarisch sein Anliegen nicht nur in dieser Zeit. Melanchthon hat das selbst ausgesprochen: „Zwei Dinge sind es, worauf das gesamte Leben als Ziel ausgerichtet sein muss, nämlich Frömmigkeit und Bildung." Die Bibel und die Literatur der klassischen Antike bildeten ein Ganzes. Also ging es nicht an, die Bemühungen um die Sprachen, besseren Unterricht und mehr Bildung als einen von seinem theologischen Denken, Arbeiten und Handeln losgelösten Bereich zu betrachten. Was Melanchthon auf diesem Feld plante und ins Werk setzte, blieb – bei aller Eigenständigkeit – doch durchgängig auf die reformatorische Verkündigung und Lehre bezogen. Auf diese Weise wollte er der Gefahr wehren, dass Unbildung und Schwärmertum, Radikalismus sowie Barbarei in der Kirche um sich griffen und sie zerstörten. Dieses Problem bewegte Melanchthon seit den Wittenberger Unruhen in besonderem Maß.

Dazu gehörte, dass die Theologie das Leben der Menschen besserte. Das war gewiss auch moralisch gedacht, umschloss jedoch ebenso sehr die Ausrichtung auf ein sinnerfülltes, weil auf Gott bezogenes Leben. Dafür war die Theologie unverzichtbar, freilich eine richtig verstandene und gehandhabte Theologie. Sie und die Bildungswissenschaften mussten in jeweiliger Selbständigkeit aufeinander bezogen sein, einer Ellipse vergleichbar mit ihren zwei Brennpunkten. Melanchthons Devise hieß daher, prägnant zusammengefasst, Frömmigkeit und Bildung, das heißt: christlicher Glaube und Kultur.

Schulgründungen

So war es auch kein Zufall, dass Melanchthon sich während und nach dem Bauernkrieg in besonderer Weise um die Gründung und Reorganisation von städtischen Lateinschulen kümmerte. Hierbei zielte er offenkundig auf die möglichst breite Durchsetzung seiner theologisch-pädagogischen Intention. Von der Gründung der Lateinschule in Eisleben und ihrer Leitung durch Johannes Agricola im April 1525 habe ich gesprochen. Von dort eilte Melanchthon nach Magdeburg, um im Mai an der Einsetzung des Freundes Cruciger als Rektor der Lateinschule von St. Johannes mitzuwirken. Melanchthon wünschte offenkundig, möglichst viele Barrieren gegen das Wüten der Barbarei zu errichten. Andere Orte, wie z. B. Goslar, erbaten Ratschläge für ihre Schulen.

Melanchthon propagierte für die Lateinschulen ein klares Modell, das er mit leichten Abweichungen aufgrund unterschiedlicher örtlicher Gegebenheiten durchgängig zu realisieren versuchte. Danach sollten die Schüler in drei „Haufen", d. h. Gruppen, gegliedert werden. Auf der untersten Stufe würden sie in Lesen und Schreiben und den Anfangsgründen des Lateinischen unterrichtet werden. Der Lehrer sollte möglichst häufig diese Sprache benutzen. Auswendig lernten die Jungen sodann die Hauptstücke des Katechismus. Im Mittelpunkt der zweiten Stufe stand die lateinische Grammatik. Hinzu kamen die Lektüre einfacher lateinischer Texte sowie die Abfassung von Versen und Reden. Doch auch hier spielte das Auswendiglernen die ausschlaggebende Rolle. Zur Auflockerung des Unterrichts diente die Musik. Wie weit man dabei über ein wenig Theorie und gemeinsames Singen hinauskam, lag sicherlich vor allem an der Fähigkeit des jeweiligen Lehrers. In der dritten, der obersten Gruppe, standen Rhetorik und Dialektik auf dem Lehrplan, ferner die Lektüre anspruchsvoller lateinischer Texte. Die Schüler mussten Gedichte sowie Reden verfassen und vortragen. Neben der Musik stand sodann die Mathematik. Interessenten sollten auch Griechisch und Hebräisch lernen können. Ein Tag in der Woche war speziell für die Vermittlung christlicher Inhalte vorgesehen. Die Absolventen dieser Stufe waren dann vorzüglich für das Studium an der Universität vorbereitet. Der Übergang von einer Gruppe zur andern erfolgte nicht nach Jahrgängen in Klassen, sondern entsprechend der individuellen Leistung des einzelnen Schülers. Das entsprach Melanchthons Vorstellung, wonach der Lehrer eine möglichst persönliche Beziehung zu jedem einzelnen Schüler haben sollte.

Um ein besonderes Projekt handelte es sich in Nürnberg. Der Rat der Stadt hatte sich im Oktober 1524 an Melanchthon gewandt, um ihn als Rektor und Professor für Rhetorik an der geplanten neuen Schule zu gewinnen. Sie sollte mehr leisten als die üblichen Lateinschulen, nämlich den gesamten Stoff einer Artistenfakultät vermitteln. Melanchthon hielt sich seit Ende Oktober 1525 einhalb Monate in Nürnberg auf, um die Voraussetzungen für diesen Plan zu schaffen. Dazu gehörte die Etablierung eines stabilen Unterbaus in der Form der auch sonst von ihm geförderten Lateinschulen. Dafür sollten sämtliche in Nürnberg vorhandenen schulischen Einrichtungen, darunter drei Lateinschulen, zusammengelegt werden. Schwieriger gestaltete sich die Finanzierung. Der Rat wollte die neue Schule aus dem säkularisierten Kirchengut sowie den Messstiftungen unterhalten. Die stillen Messen hatte man in Nürnberg im Zuge der Einführung der Reformation abgeschafft. Melanchthon widersprach jedoch diesem Plan: Wo sich die Stifter oder ihre Erben ermitteln ließen, müsse man seelsorgerlich mit ihnen reden, ob sie dem Projekt des Rates zustimmten. Andernfalls sollte die Stadt den Stiftern ihr Geld zurückerstatten.

Am 26. Mai 1526 wurde die neue Schule eröffnet. Melanchthon hielt eine glanzvolle Rede.[86] Er unterstrich die Bedrohung, der die Wissenschaft und Kultur von allen Seiten ausgesetzt seien. Dagegen nun Front zu machen, sei das besondere Verdienst Nürnbergs. Der Nutzen und die Kraft der Wissenschaft blieben den einfachen Leuten sicherlich meist verborgen. Trotzdem gelte, dass gebildete Bürger „die stärksten Mauern der Stadt" sind. Melanchthon stellte den Nürnbergern Florenz als leuchtendes Vorbild vor Augen: Dort habe man mit den aus Byzanaz geflohenen Griechen deren Sprache gepflegt, wodurch Bildung und Kultur gewachsen seien – „woraus für alle Völker großer Nutzen entstand". Melanchthon hoffte, dass an der neuen Nürnberger Schule die zukünftige Führungsschicht nicht nur der Stadt ausgebildet würde, sondern dass sie ebenfalls ein leuchtendes Beispiel für ganz Deutschland gebe.

Diese Vorhersage ging jedoch nicht in Erfüllung, die Hohe Schule in Nürnberg kümmerte dahin. Die Patrizier schickten ihre Söhne lieber an auswärtige Universitäten. Negativ wirkte sich auch aus, dass die Nürnberger Schule keine akademischen Grade verleihen konnte. Melanchthon fühlte sich in der Stadt jedoch wohl, nicht zuletzt aufgrund des Verkehrs mit bedeutenden Persönlichkeiten. Dürer fertigte von ihm eine Zeichnung und einen Kupferstich. Und in dem großen Bild der vier Apostel, das der Künstler seiner Heimatstadt Nürnberg vermachte, trägt Johannes die idealisierten Züge Melanchthons.

Es entsprach der Logik der reformatorischen Bewegung, die ja aus der wissenschaftlichen Arbeit an einer Universität erwachsen war, dass diese Institution nun auch im neuen Geist umgestaltet wurde. Melanchthons theologisch-pädagogische Zielsetzung gipfelte dementsprechend in diesen Bemühungen. Seine Mitwirkung an der Gründung der ersten evangelischen Universität in Marburg an der Lahn lässt sich allerdings nicht belegen. Erste Planungen für eine hessische Landesuniversität gab es im September 1526. Am 30. Mai 1527 wurde sie mit einem Lehrkörper von drei Theologen, je einem Juristen und Mediziner sowie sechs Professoren in der Artistenfakultät eröffnet. Die Ordnung von 1529 zeigt viele Ähnlichkeiten mit den Statuten der 1536 in Wittenberg durchgeführten Reform. Melanchthon hatte schon vorher, 1534 und 1536, an der Umstrukturierung der Universität Tübingen mitgewirkt. Die große Welle der Neugründungen und Reformen der Universitäten erfolgte allerdings erst in den Vierzigerjahren. Melanchthon war daran durchgängig führend beteiligt.

Er galt zunehmend als die herausragende Autorität für das gesamte Bildungswesen. Seine Schul- und Studienordnungen besaßen Vorbildcharakter, ebenso seine Lehrbücher. Darüber hinaus wirkten seine Schüler, die oft aus seiner Privatschule kamen oder die er aus der Vielzahl der Studierenden mit besonderen Empfehlungsschreiben vermittelte, an vielen Lateinschulen und Universitäten. Alles das führte dazu, dass man ihm den Ehrennahmen des „Lehrers Deutschlands" (Praeceptor Germaniae) gab. Einschränkend ist allerdings hinzuzufügen, dass es sich dabei lediglich um das protestantische und insbesondere das lutherisch geprägte Deutschland handelte.

Visitationen

Der Abschied des Speyrer Reichstags von 1526 bot, wie bereits erwähnt, den reformatorisch gesinnten Fürsten sowie den Magistraten in den Reichsstädten eine rechtliche Grundlage, um in ihren Gebieten das Kirchenwesen zu reformieren. Überall nahmen jetzt, nach den Unruhen in den städtischen Unterschichten sowie der Rebellion der Bauern, die Obrigkeiten die Weiterführung der Reformation in die Hand. Im Kurfürstentum Sachsen widmete sich Johann, der neue Kurfürst, Bruder des 1525 verstorbenen Friedrichs des Weisen, mit großem Eifer dieser Aufgabe. Um einen Überblick zu gewinnen und danach die kirchlichen Verhältnisse zu regulieren, ordnete er 1527 eine Visitation in seinen Territorien an. Vier Kommissionen wurden eingesetzt, die sich jeweils mit Kursachsen, Thüringen, Franken sowie dem Ostland und dem Vogtland befassen sollten. Zu den Visitatoren gehörten Theologen und fürstliche Beamte.

Melanchthon wurde der Kommission für Thüringen zugeteilt. Jetzt erhielt er die Möglichkeit, seine theologisch-pädagogischen Zielsetzungen in einem größeren, über die Universität und die Schule hinausreichenden gesellschaftspolitischen Rahmen zur Geltung zu bringen. Rund acht Monate, vom 9. August 1527 an, lebte Melanchthon in und um Jena. Zunächst hielten sich hier auch Teile der Universität auf, die wegen der Pest in Wittenberg hierhin ausgewichen war. Nach dem Ausweis seiner Briefe fühlte sich Melanchthon in Jena wohl.

Zur mündlichen Befragung der Pfarrer in der ihm zugewiesenen Region formulierte er Fragen, die sich auf ihr gesamtes Leben und Wirken bezogen. Gegen Melanchthons Willen wurden diese Artikel veröffentlicht. Aller Wahrscheinlichkeit nach existierten in den anderen Kommissionen eigene Fragenkataloge. Sicherlich wurde darüber auch unter den Theologen und Beamten diskutiert. Es dürfte Anregungen und Änderungsvorschlägen von verschiedenen Seiten gegeben haben, nicht zuletzt aufgrund der praktischen Erfahrungen der Beteiligten. Doch die theologisch-pädagogische Struktur der von Melanchthon aufgezeichneten Artikel blieb erhalten. Durch ihre Publikation als „Artikel, worüber die Visitatoren handelten" (Articuli de quibus egerunt per visitatores) im Herbst 1527 bildeten sie die offizielle Richtlinie der kursächsischen Visitationen.[87]

Melanchthons 20 Fragen setzten bei der Behandlung der Zehn Gebote ein: Wie wurden sie gelehrt und wie die Übertretungen bestraft? Was verstand man unter Glauben und wie lehrte man über die Rechtfertigung? An diesem Punkt sah Melanchthon die größten Probleme. Bereits am 13. August, also unmittelbar nach dem Beginn seiner Tätigkeit, beklagte er in einem Lagebericht die falsche Predigt über die Rechtfertigung, bei der die Bevölkerung nichts über die Notwendigkeit der Buße höre. Ihr werde vielmehr „allein der eine Teil des Evangeliums, nämlich die Vergebung der Sünden und nicht die Buße gepredigt, wodurch das Volk in seinem Gewissen ärger und roher geworden ist als jemals zuvor".[88]

Die nächsten Fragen betrafen die Sakramente Taufe und Abendmahl sowie die Buße. Lehrte man die Realpräsenz Christi unter Brot und Wein? Danach ging es um den Gehorsam gegenüber der Obrigkeit, die Ehe sowie akzeptable und nicht zu billigende Zeremonien. Schließlich wollten die Visitatoren wissen, welchen Gebrauch die Pfarrer vom Vaterunser und dem Apostolischen Glaubensbekenntnis machten und wie es bei ihnen mit der Ehegerichtsbarkeit stand.

Was die Visitatoren dabei sahen und hörten, war ebenso erschreckend wie niederschmetternd. Bodenlos schien die Unwissenheit über schlichte katechetische Fakten. Theologische Fragen berührten die wenigsten. Es gab sogar halbe Analphabeten, die lediglich die Messliturgie auswendig gelernt hatten. Neben den erbärmlichen Kenntnissen bildete die Sittenlosigkeit vieler Pfarrer ein bereits seit langem eingerissenes Problem. Mehr als ein Drittel lebte nach wie vor im Konkubinat, Alkoholismus war weit verbreitet. Angesichts dieser Realität erschien es Melanchthon unumgänglich, in der theologischen Unterweisung einerseits möglichst am Tradierten festzuhalten und daran anzuknüpfen und andererseits so schlicht und elementar wie nur möglich zu argumentieren.

Aufgrund solcher Erfahrungen setzte der Kurfürst eine zentrale Visitationskommission ein, der neben Beamten wiederum Theologen angehörten, darunter Luther und Melanchthon. Das Gremium tagte erstmals am 26. September in Torgau. Hierbei ging es auch um Melanchthons „Artikel". Auf der zweiten Sitzung, die vom 26. bis 28. November 1527 stattfand, kritisierte Johannes Agricola Melanchthons Ansatz bei der Predigt des Gesetzes und der Buße als Voraussetzung für die Verkündigung des Evangeliums.[89] Am Anfang habe vielmehr die Predigt des Evangeliums und die Botschaft von der Liebe Gottes zum sündigen Menschen zu stehen. Melanchthon wandte sich entschieden gegen diese Auffassung.[90] Luther vermittelte, erklärte sich jedoch prinzipiell für Melanchthons Position.[91] Diese Niederlage machte Agricola zunehmend zum Außenseiter.

Agricola war jedoch nicht der einzige, der Melanchthon attackierte. Gegen ihn wandte sich zum einen die Gruppe der Pfarrer, denen sein Verbot der Polemik gegen die Päpstler und die maßlosen persönlichen Angriffe auf die Gegner missfielen, ebenso sein Widerstand gegen mancherlei Versuche, sich des Kirchengutes zu bemächtigen. Gewichtiger war jedoch – das war das Andere – die Kritik von überzeugten Anhängern der Reformation. Sie verstanden nicht, warum Melanchthon sich weigerte, die Bräuche und Zeremonien des traditionellen Kirchenwesens abzuschaffen. Sie konnten nicht billigen, dass er möglichst viel von der überkommenen Lehre festhalten wollte, um daran anzuknüpfen, statt den alten Sauerteig entschlossen auszufegen. Schwer erträglich war für sie auch, dass Melanchthon nicht zögerte, manche Kritikpunkte der altkirchlichen Gegner als berechtigt anzuerkennen.

Gegen diese Pfarrer, die entschlossen für die Durchsetzung der Reformation eintraten, wandte sich Melanchthon mit seinem Eintreten für eine behutsame und schrittweise Erziehung der Bevölkerung zum neuen religiösen Gedankengut. Das bedeutete in Melanchthons Augen: Geboten war gewiss die Konzentration auf die zentralen theologischen Gesichtspunkte der Reformation, jedoch im Sinne der Vereinfachung, der Elementarisierung. Spezielle theologische Fragestellungen und Antworten mussten deshalb hier ausgeblendet werden, durchaus auch solche, die ihm selbst wichtig waren. Sicherlich hatte Agricola also in manchem, was er kritisierte, Recht. Doch darum ging es auf der Ebene eines Elementarunterrichts nicht. Hier bestand die Aufgabe vielmehr darin, einfache Christen da abzuholen, wo sie religiös, intellektuell und mental standen, um sie langsam zum Verstehen und so zur Anerkennung der reformatorischen Botschaft zu führen. Die Realität der christlichen Freiheit sollte darum nicht geleugnet werden. Aber dahin gelangte der Mensch nach der Überzeugung Melanchthons nur auf dem Weg über die Predigt des Gesetzes und der Buße. Er verstand nicht, dass so viele, auch gut reformatorisch gesinnte Pfarrer ihn deswegen angriffen. Umso wichtiger war Melanchthon, dass Luther ihn gegen Agricola in Schutz nahm.

Der „Unterricht der Visitatoren"

Auf der dritten Sitzung der zentralen Visitationskommission vom 26. bis zum 29. Januar 1528 fanden die Beratung und Beschlussfassung über den „Unterricht der Visitatoren" statt.[92] Welche Änderungen jetzt noch vorgenommen wurden, ist nicht bekannt. Aber fraglos spiegelte das Buch Melanchthons pädagogische und theologische Konzeption. Sachlich bot es die Antworten auf die Fragen der Visitatoren. Insofern bildete das Werk einen Leitfaden sowohl für die weitere Arbeit der Kommission als auch für die Tätigkeit der Pfarrer. Sie sollten daraus ersehen, worauf es in ihrer Arbeit ankam.

Ende März 1528 lag das Buch im Druck vor, zusammen mit einer Vorrede Luthers. Er begründete die Durchführung der Visitation durch den Landesherrn anders als Melanchthon, nämlich als Hilfestellung des mächtigsten und einflussreichsten Gliedes der christlichen Gemeinde für das Wohlergehen der Kirche. Es handele sich also um einen Liebesdienst des Fürsten, erklärte Luther. Diese Interpretation änderte freilich wenig an der politischen Realität der Durchsetzung des landesherrlichen Kirchenregiments. Wesentlich war, dass Luther in dieser Vorrede Melanchthons Werk ausdrücklich billigte. Nur am Rande sei vermerkt, dass dieser im Oktober 1528 noch einmal als Visitator tätig war. Im Sommer 1529 gaben Luther und Melanchthon ihre Beauftragung an den Landesherrn zurück. Dieser war bereits im März 1529 mit seinem Gefolge, darunter Melanchthon, nach Speyer zum Reichstag abgereist. Darüber berichte ich im nächsten Kapitel.

Der „Unterricht der Visitatoren" umfasst 18 Abschnitte. Ausgehend von der Rechtfertigungslehre behandeln drei das christliche Leben unter den Gesichtspunkten der Zehn Gebote, des Gebets sowie der „Trübsal". Melanchthon entfaltete hier, was traditionell unter dem Begriff der „guten Werke" des Gerechtfertigten gefasst war. Es folgt die Erklärung der Sakramente Taufe und Abendmahl. Sie wurden als Zeichen des Glaubens begriffen. Dabei hielt es Melanchthon auch auf dem Höhepunkt des Abendmahlsstreites nicht für nötig, mehr über dieses Sakrament zu sagen, als dass den Kommunikanten beide Elemente, Brot und Wein, gereicht werden sollten und dass hierin Christus gegenwärtig sei. Anschließend erläuterte Melanchthon das reformatorische Verständnis der Buße, Beichte und Genugtuung, der drei Teile also des überkommenen kirchlichen Sakraments der Buße. In den nächsten neun Abschnitten ging es um menschliche Ordnungen und Satzungen in der Kirche, um Fragen der Ehe, des freien Willens sowie der christlichen Freiheit, um den Krieg gegen die Türken, die Regelung des Gottesdienstes und des kirchlichen Lebens, den Bann, das Amt des Superintendenten und schließlich eine Schulordnung. Insgesamt lässt sich das Buch als eine erste Kirchenordnung für den Bereich der Wittenberger Reformation bezeichnen.

Der „Unterricht der Visitatoren" entfaltete jedoch nicht nur Melanchthons theologisches Konzept, sondern spiegelte ebenso seine praktischen Erfahrungen und Einsichten als Visitator. Immerhin handelte es sich hier um die Evaluierung der Pfarrerschaft in Thüringen! Gewiss agierte Melanchthon nicht allein. Aber oftmals musste doch er die Entscheidung über das Verbleiben eines Pfarrers im Amt oder dessen Absetzung treffen. Dasselbe galt für die Neubesetzung einer Stelle mit diesem oder jenem Bewerber. Bei den komplizierten Rechts- und Finanzfragen konnte er sich auf das Urteil der kurfürstlichen Beamten stützen. Doch die enge Verflochtenheit von juristischen, kirchlichen und geistlichen Problemen erforderte durchgängig Melanchthons Urteil. Wie sollte z. B. der „gemeine Kasten", also die Kasse für kirchliche, kommunale und soziale Angelegenheiten, reorganisiert werden? In sie flossen Bußgelder und Spenden, Legate und allerlei Einkünfte der Gemeinde. Bezahlt wurden davon der Lehrer und Küster – oft eine und dieselbe Person –, der Nachtwächter, die Hebamme und schließlich die Armen am Ort. Wie war der Unterhalt der Pfarrer zu regeln? Nicht wenige lebten von Pfründen, die Klöster und Stifte vergaben. Was war zu tun, wenn diese außerhalb der Landesgrenzen lagen? Und wie verhielt es sich mit deren Mitspracherecht bei der Neubesetzung solcher Stellen? Über die Kirchengüter und ihre Erträge mussten Inventare angefertigt werden. Schließlich galt es, die Rechte und Pflichten der Patrone neu festzulegen, d. h. die juristisch fixierte Verantwortung von Adeligen, aber auch von Städten oder Korporationen für eine Kirche mit allem Zubehör.

Melanchthon wirkte hierbei entschlossen und entschieden mit. Er agierte selbstbewusst, aber stets maßvoll, sowohl bei Beförderungen als auch bei Strafmaßnahmen. Außerdem war er ein geschickter Vermittler, sowohl innerhalb der Kommission als auch im Blick auf die ganz unterschiedlichen Erwartungen und Befürchtungen der Pfarrer. Dabei blieb ihm freilich stets bewusst, dass er im Auftrag des Kurfürsten handelte. Es galt, Ordnung, Frieden und Gerechtigkeit zu schaffen, nicht jedoch unbedingt, die Wortführer der Reformation zu fördern. Gleichzeitig bemühte sich Melanchthon um die Versorgung alter, müder, verbrauchter Pfarrer und Mönche. Er wehrte sich entschieden dagegen, den Nutzen für die Kirche als obersten Gesichtspunkt anzusetzen. Das christliche Gebot der Nächstenliebe forderte vielmehr, mit solchen Leuten schonend zu verfahren. Ebenso verhielt sich Melanchthon gegenüber denjenigen, die ihre Kinder unter dem Einfluss von Karlstadt nicht hatten taufen lassen und das nun bereuten.

Besondere Probleme bereiteten Fragen des Eherechts. Darüber hatte bislang das bischöfliche Ehegericht nach den Statuten des Kanonischen Rechts entschieden. Diese Voraussetzung fehlte jetzt. Die biblischen Vorschriften erschienen zwar wegweisend, aber sie waren bisweilen allzu allgemein. Melanchthon und die kurfürstlichen Beamten zogen deshalb bevorzugt das Römische Recht zu Rate. Unverkennbar urteilte Melanchthon jedoch auch hier nach dem Gebot der Nächstenliebe.

Melanchthons Verhalten, seine Eindrücke und Erfahrungen während seiner Tätigkeit als Visitator in Thüringen, die sich in seinen Briefen und Berichten spiegeln und die dann in den „Unterricht der Visitatoren" eingeflossen sind, widerlegen in beeindruckender Weise das traditionelle Bild des Wittenberger Professors als eines weltfremden Stubengelehrten. Sicherlich besaß Melanchthon auch solche Züge. Aber sie allein erklären nicht die zunehmend einflussreiche Rolle, die er in der Wittenberger Reformation und darüber hinaus in einer breiten Öffentlichkeit besaß. Melanchthons Eigenart als seelsorgerlicher Volkspädagoge trat in diesem „Unterricht" sehr deutlich zutage. Das Buch fand weite Verbreitung und übte einen enormen Einfluss aus, nicht zuletzt im Blick auf die hier formulierten theologischen und pädagogischen Grundsätze.

5. Verantwortung vor Kaiser und Reich

Der Reichstag von Speyer

Im März 1529 reiste Melanchthon also im Gefolge des Kurfürsten nach Speyer zum Reichstag. Er wurde nun einbezogen in die große Politik, ohne dafür ausgebildet oder besonders befähigt zu sein. Und trotzdem kam er davon sein Leben lang nicht mehr los. Die Reformation hatte nicht nur einen theologischen Prozess ausgelöst, sondern gleichzeitig eine eminent politische Bewegung. Dieses Faktum belastete Melanchthons Leben und verdunkelte teilweise sein Bild in der Nachwelt. Dass er sich trotzdem nicht entmutigen ließ, sondern Selbstzweifeln ebenso wie harten Angriffen zum Trotz, nicht zuletzt aus dem eigenen Lager, an der einmal erkannten Wahrheit festhielt und sie öffentlich verteidigte, ist kennzeichnend für Melanchthons Persönlichkeit.

Die Reise nach Speyer ging langsam voran. In Weimar machte die Gesellschaft Rast, wohnte auch einem Turnier bei, am 13. März erreichte sie Speyer. Da es hier zunächst nur um politische Themen ging, fand Melanchthon Zeit, seine Familienangehörigen in Bretten zu besuchen und ein letztes Mal mit seiner Mutter zu sprechen.

Die Stimmung in Speyer empfand Melanchthon als feindselig und aggressiv. Camerarius teilte er mit: „Noch nie waren so viele Bischöfe auf einem Reichstag wie hier. Ihre Mienen zeigen, wie sehr sie uns hassen und verachten." Erschreckend sei das kaiserliche Mandat. „Du kannst also leicht ermessen, in welcher Gefahr wir jetzt sind."[93] Bei jenem Text handelte es sich um die von Erzherzog Ferdinand verfasste Instruktion, die er als die Weisung Kaiser Karls, seines Bruders, ausgab.[94] Gefordert wurde dort die Wiederherstellung der Messe mitsamt der Rückgängigmachung sämtlicher religiöser und kirchlicher Veränderungen. Der Reichstagsbeschluss von 1526 sollte nicht mehr gelten,[95] ein in 18 Monaten stattfindendes Konzil werde die endgültigen Entscheidungen treffen. Melanchthon sah seine düsteren Prognosen, die er aufgrund von Naturerscheinungen sowie der Beobachtung der Sterne gewonnen hatte, voll und ganz bestätigt. Es ist leicht, dieses Vertrauen auf die Astrologie – das im Übrigen damals und in der Folgezeit viele klugen Menschen teilten – als puren Aberglauben abzutun. Doch sollte man bedenken, dass dahinter auch bei Melanchthon die Überzeugung stand, dass sich Gottes Wirken ebenso wie in der Geschichte in den Vorgängen im Universum manifestierte.[96]

Um nicht untätig zu sein, schickte Melanchthon am 8. April das Vorwort zu seinem Kommentar über das Buch Daniel als eigenen Traktat an Ferdinand.[97] Dieser Bibeltext wolle auch Könige belehren, erklärte Melanchthon. Es gelte, die anstehenden Probleme nicht durch einseitige Verfügungen oder gewaltsam zu lösen, vielmehr stets die andere Seite sorgfältig anzuhören und dann die strittigen Fragen durch ein Konzil oder einen Kreis gelehrter Männer behandeln und entscheiden zu lassen. Von den „Sektierern" – wozu er kaum verhüllt auch die Schweizer zählte – grenzte Melanchthon sich ausdrücklich ab.

Bewirkt hat dieser Text nichts. Der Reichstagsabschied verkündete am 19. April die harte Linie der von Ferdinand vorgelegten Instruktion. Dagegen protestierten am 20. April 1529 feierlich fünf

Territorien und 14 süddeutsche Reichsstädte: Der 1526 einstimmig gefasste Beschluss der Stände könne nicht durch eine einfache Mehrheit aufgehoben werden. Darauf folgte die grundsätzliche Erklärung: „In Sachen Gottes Ehre und unserer Seelen Heil und Seligkeit belangend, muss ein jeglicher [Stand] für sich selbst vor Gott stehen und Rechenschaft geben." Das hieß, dass sie entschlossen seien, „mit der Gnade und Hilfe Gottes dabei zu bleiben, dass allein Gottes Wort und das heilige Evangelium Alten und Neuen Testaments, wie es in den biblischen Büchern gefasst ist, lauter und rein gepredigt werden und nichts, was dawider ist".[98] Seitdem hießen die Anhänger der Reformation die „protestantischen Stände" oder einfach „Protestanten".

Melanchthon erschrak zutiefst über diese Protestation. Hier wurde nach seiner Überzeugung ein gefährlich falscher Weg eingeschlagen. Man hätte dem Kaiser entgegenkommen müssen, statt sich gegen ihn zu stellen! Dass Karl V. die Männer verhaften ließ, die ihm die Protestation übergaben, bestärkte Melanchthon in seiner Überzeugung. Er war vollends entsetzt über das geheime Verteidigungsbündnis, das Kursachsen und Hessen, Nürnberg, Straßburg sowie Ulm am 22. April 1529 verabredeten für den Fall, dass einer von ihnen „wegen des Wortes Gottes" angegriffen würde. Das bedeutete in Melanchthons Augen Krieg. Diese Auffassung wird verständlicher, wenn man sich an die „Packschen Händel" vom Februar 1528 erinnert. Damals waren Landgraf Philipp am Hof seines Schwiegervaters, Herzog Georgs von Sachsen, von dessen Vizekanzler Otto von Pack Pläne zugespielt worden, wonach die altgläubigen Fürsten einen Krieg gegen die Anhänger der Reformation vorbereiteten. Diese Information hatte hektische Aktivitäten ausgelöst. Der Hesse drängte den sächsischen Kurfürsten zu einem Präventivschlag. Der zögerte, bestärkt von Luther und Melanchthon. Dann stellte sich heraus, dass es sich bei den Plänen, die der Landgraf gesehen hatte, um Fälschungen handelte. Seitdem galt Philipp von Hessen als ein allzu hitziger und insofern fragwürdiger Verbündeter. Entschieden negativ beurteilte Melanchthon sodann die Schweizer. Diese drängten aus dem Verband des Deutschen Reiches heraus, galten als militant und aufrührerisch. Exakt unter diesem Gesichtspunkt kam Zwingli ins Bild. Seine Ablehnung der Gegenwart Christi im Abendmahl empörte Melanchthon. Am 8. April verfasste er zu dieser Thematik einen Offenen Brief an den Freund Oekolampad.[99] Wie könne dieser an der Seite Zwinglis stehen, der Gottes Geheimnisse rationalistisch aufzulösen versuche? „Über himmlische Dinge muss man sich sein Urteil doch aus Gottes Wort bilden und nicht aus der Geometrie!" Im Übrigen möchte er, Melanchthon, „nicht als Urheber oder Verteidiger irgendeines neuen Dogmas in der Kirche auftreten". Es genüge, mit dem einhelligen Zeugnis der Alten Kirche bei der Anerkennung der leiblichen Gegenwart Christi im Abendmahl stehen zu bleiben. Oekolampads gelehrte Arbeiten, wonach die Kirchenväter mehrheitlich eine symbolische Auffassung der Gegenwart Christi im Abendmahl vertraten, machten Melanchthon dann nachdenklich.[100] Doch zunächst stand er entschieden an der Seite Luthers. Dementsprechend distanziert und sogar ablehnend beurteilte Melanchthon die oberdeutschen Städte und ihre reformatorisch gesinnten Theologen, allen voran Straßburg und Martin Bucer.

Es gab also respektable Gründe für die Ablehnung eines Bündnisses zur Verteidigung der Protestanten, politische und theologische. War es überhaupt erlaubt, mit Waffengewalt für das Evangelium einzutreten? Ging es an, dem Kaiser militärischen Widerstand zu leisten? Im Frühjahr 1528 hatte Melanchthon beide Fragen mit Nachdruck verneint. „Es ist doch der größte Trost in allem Leiden, ein gutes Gewissen zu haben und Gott nicht zum Feinde zu haben.

Wenn wir aber erst zum Schwert greifen und mit bösem Gewissen Krieg anfingen, hätten wir solchen Trost verloren."[101] Luther urteilte nicht anders. Im Frühjahr 1530 unterstrich Melanchthon diese Überzeugung noch einmal nachdrücklich:[102] Es gebe keinen Grund, der von der Pflicht zum Gehorsam gegenüber der Obrigkeit entbinde. Insofern verstoße aktiver Widerstand gegen Gottes Gebot. Ebenso argumentiere das Naturrecht. Es verwerfe jede Schädigung der Autorität und lehne insbesondere ab, dass jemand in eigener Sache als Richter auftrete. Wer anders handle, verfahre höchst gefährlich, denn er begünstige die Entwicklung zur Anarchie. Erneut polemisierte Melanchthon gegen die Schweizer und Oberdeutschen: Die Anhänger der Reformation in der Schweiz scherten sich weder um das Recht noch das Evangelium! Ihre Prediger sympathisierten mit den aufständischen Bauern, Zwingli trete für den Krieg gegen den Kaiser ein, Bucer habe den Aufstand Sickingens und der Reichsritter gegen ihren politischen und sozialen Abstieg gebilligt, und nun wolle er zusammen mit den anderen Zwinglianern sowie Philipp von Hessen Staat und Kirche vollends verwüsten. Gegenüber diesen Kräften müsse deshalb ein scharfer Trennungsstrich gezogen werden. Es gelte also, das Vorgehen des Kaisers hinzunehmen und persönlich dem Evangelium zu gehorchen, auch wenn man dafür zu leiden hätte.

Diese Auffassung erwies sich jedoch als nicht mehrheitsfähig. Anders verhielt es sich bei der Frage, ob es angehe, sich mit jenen Protestanten zu verbünden, die andere theologische Überzeugungen vertraten, insbesondere im Blick auf das Abendmahl. Im Kurfürstentum Sachsen und in Brandenburg-Ansbach überwog die von Luther und Melanchthon mit Entschiedenheit vorgetragene Meinung, dass ein solcher Zusammenschluss unbedingt abzulehnen sei.

Bündnis und Bekenntnis

Zielbewusst übernahm nun der Landgraf die Initiative. Er warb einerseits um ein Bündnis mit dem sächsischen Kurfürsten und versuchte andererseits, eine Allianz mit den Schweizern sowie den süddeutschen Reichsstädten aufzubauen. Diese, Straßburg voran, brauchten die politische und militärische Unterstützung der Fürsten – obwohl sie fürchteten, von ihnen finanziell ausgenutzt zu werden. Mindestens ebenso kompliziert waren die Beziehungen des Hessen sowie der Oberdeutschen zu den Schweizern. Wohl bestanden vielfältige Verbindungen zu jenen Orten. Doch es schien gewagt, ein offizielles Bündnis mit ihnen abzuschließen, galten sie doch als Gegner des Reichs und insbesondere der regierenden Habsburger.

Alle diese Schwierigkeiten ließen sich viel leichter überwinden, wenn es gelang, den erbittert geführten Streit über das richtige Verständnis des Abendmahls im protestantischen Lager beizulegen. Deshalb drängte Philipp von Hessen auf ein Gespräch zwischen Luther und Zwingli.

Im Gegenzug versammelten sich die entschieden lutherisch gesinnten Politiker und Theologen aus Kursachsen und Brandenburg-Ansbach im Sommer 1529 in Schleiz, im Süden Thüringens, um ihre Position festzulegen. Das geschah in 17 Artikeln, die Melanchthon mit der Zustimmung Luthers formulierte.[103] Es gelang dann dem Landgrafen, Luther und Zwingli mit ihrem jeweiligen Anhang zu Gesprächen auf dem Marburger Schloss zusammenzubringen. Vom 1. bis zum 3. Oktober wurde über sämtliche strittige theologische Themen diskutiert. Vergebens hatte Melanchthon versucht, anstelle dieser Begegnung eine von allen kirchlichen Gruppen besuchte Konferenz zu veranstalten. Dazu wollte er nicht Zwingli eingeladen sehen, sondern Oekolampad, außerdem Kaspar Hedio aus Straß-

95

burg anstelle von Wolfgang Capito oder Martin Bucer, vielleicht auch noch Ambrosius Blarer aus Konstanz.[104] Für wesentlich hielt Melanchthon erneut die Hinzuziehung „gelehrter und vernünftiger Männer" auch aus den Reihen der Altgläubigen. Es liegt auf der Hand, dass die Durchführung dieses Plans die politischen Zielsetzungen des Landgrafen durchkreuzt und stattdessen die von Melanchthon gewünschte Verständigung mit dem Kaiser signalisiert hätte. Ebenso klar ist allerdings, dass ein solches Projekt politisch chancenlos war.

Ausgerechnet mit Zwingli musste Melanchthon dann am ersten Tag in Marburg diskutieren, während Luther mit Oekolampad konferierte. Bereits das Auftreten Zwinglis im schwarzen Waffenrock mit langem Degen bestärkte Melanchthons Vorurteil, dass er es eher mit einem Politiker als mit einem Theologen zu tun hatte. Immerhin verständigte man sich über das Verhältnis von Wort und Heiligem Geist, über die Lehre von der Trinität und Erbsünde sowie die Auffassung, dass der Glaube den Werken vorangehe. Hierbei handelte es sich vor allem um Themen, zu denen sich Zwingli in seinen Schriften nach dem Urteil der Wittenberger missverständlich geäußert hatte. Melanchthon bezweifelte allerdings, ob man den Erklärungen des Zürchers trauen könne. Das Einvernehmen endete bei der Frage des Abendmahls und der dahinter stehenden Christologie. Wie konnte Christus im Abendmahl gegenwärtig sein, nachdem er in den Himmel aufgefahren war und zur Rechten Gottes saß, argumentierte Zwingli. Melanchthon setzte dagegen, ganz im Sinne Luthers, dass ein solches räumliches Denken die Wirklichkeit Gottes nicht erfasse. Zu überzeugen vermochte er Zwingli allerdings nicht. Nach sechs Stunden brach man das Gespräch ab. Auch die Unterredung Luthers mit Oekolampad endete ergebnislos.

An der weiteren Diskussion beteiligte Melanchthon sich nicht mehr, obwohl Luther ihn dazu drängte. Nur einmal lachte er laut, als Zwingli ein griechisches Wort mit betont schweizerischem Akzent aussprach. Bei einer Reihe von Teilnehmern hinterließ Melanchthon unmissverständlich den Eindruck, dass er keine Annäherung an die Schweizer wünschte.

Luther fasste am 3. Oktober auf der Grundlage der in Schleiz formulierten Thesen in fünfzehn Artikeln das Ergebnis der Marburger Gespräche zusammen.[105] Vierzehn hielten fest, worin man übereinstimmte. Der letzte Artikel beschrieb den nach wie vor bestehenden Gegensatz im Verständnis des Abendmahls. Trotz einzelner verbindlicher Wendungen handelte es sich bei diesen Marburger Artikeln nach der Auffassung der Wittenberger keineswegs um eine Konkordie. Denn nur wenig später, am 16. Oktober 1529, forderten Kursachsen und Brandenburg-Ansbach in Schwabach von den übrigen Mitgliedern des geplanten Defensivbündnisses die Zustimmung zu den unveränderten Schleizer Sätzen – die fortan Schwabacher Artikel hießen – als Voraussetzung für ein Bündnis. Straßburg und Ulm lehnten ab. Der Vorgang wiederholte sich Anfang Dezember in Schmalkalden. In dem von Kursachsen und Hessen gemeinsam verwalteten Ort in Thüringen sollte der protestantische Bund gegründet werden. Dazu kam es nicht. Der große Plan des Landgrafen war also zunächst gescheitert. Immerhin gelang Anfang Januar 1530 die Aufnahme Straßburgs in das „Christliche Burgrecht" zusammen mit Zürich, Basel und Bern. Philipp von Hessen trat ihm im Sommer 1530 bei. Es war dann der Kaiser, der die Blockierung der Protestanten löste.

Der Augsburger Reichstag

Seit 1529 hatte Karl V. außenpolitisch die Hände frei, so dass er sich wieder der Innenpolitik im Deutschen Reich zuwenden konnte. Franz I. von Frankreich war besiegt, ebenso Papst Clemens VII. Dieser schloss ein Bündnis mit Karl, zur Demonstration ihrer Einigkeit erfolgte am 24. Februar 1530 in Bologna seine Krönung zum Kaiser. Nun ging es darum, in Deutschland die Religionsfrage zu regeln sowie Unterstützung für den Kampf gegen die Türken zu finden, die vor allem die habsburgischen Erblande bedrohten. 1529 standen sie vor Wien.

Beide Themen sollten auf dem Reichstag in Augsburg behandelt werden, zu dem der Kaiser am 21. Januar 1530 einlud. Zur Religionsfrage nannte das Schreiben das Ziel, „durch uns alle eine einige und wahre Religion anzunehmen und zu halten, und wie wir alle unter einem Christo sein und streiten, also auch alle in einer Gemeinschaft, Kirche und Einigkeit zu leben".[106] Neu erschien jedoch der Weg dorthin, den der Kaiser nun vorschlug: Es sollte „eines jeglichen Gutbedünken, Opinion und Meinung […] in Liebe und Gütigkeit" angehört, verstanden und erwogen werden, mit der Absicht, die unterschiedlichen Auffassungen „zu einer einigen christlichen Wahrheit zu bringen und zu vergleichen". Mehr noch: Es gelte, „alles, so zu beiden Teilen nicht recht ausgelegt oder gehandelt wäre, abzutun". Das bedeutete: Der Kaiser wünschte religiöse und theologische Gespräche unter Gleichberechtigten, ein gemeinsames Suchen nach der Wahrheit sowie den beiderseitigen Verzicht auf Polemik und Rechthaberei zugunsten einer echten Verständigungsbereitschaft, möglicherweise sogar zu einem Kompromiss.

Melanchthon triumphierte. Sein Vertrauen auf den Kaiser und die Möglichkeit einer Verständigung auf dieser Ebene hatte sich offenkundig doch als richtig erwiesen! In den nun folgenden Vorbereitungen auf den Reichstag spielte Melanchthon selbstverständlich die führende Rolle. Am 14. März forderte Kurfürst Johann von seinen Theologen ein Gutachten zu allen Punkten, in denen man von Rom abwich, „im Glauben und auch in anderen äußerlichen Kirchenbräuchen und Zeremonien".[107] Am 27. März verhandelten die Theologen in Torgau darüber, was man dem Kaiser über die in Kursachsen durchgeführten Reformen vortragen wollte.[108] Auch bei der Abfassung dieser Torgauer Artikel war Melanchthon federführend.

Der Akzent der kursächsischen Überlegungen verlagerte sich also zunehmend von dogmatischen Fragen auf Themen der kirchlichen Ordnung. Für die mehrfach angesprochene Lehre hielt man wahrscheinlich die Schwabacher Artikel für hinreichend. In einem mit rotem Leder bezogenen und mit Kupfer beschlagenen Koffer, den die kursächsische Delegation auf ihrer Reise nach Augsburg mit sich führte, befanden sich dann neben einer Reihe theologischer Bücher und anderen Unterlagen für die Religionsverhandlungen auch die Torgauer, Marburger sowie die Schwabacher Artikel.

Am 15. April erreichte die rund 160 Personen starke kursächsische Reisegesellschaft Coburg. Dort pausierte man eine Woche und zog dann ohne Luther weiter. Als Geächteter konnte er nicht auf dem Reichstag erscheinen. Der Versuch, ihn in Nürnberg zurückzulassen, scheiterte; hier fürchtete man den Zorn des Kaisers. Luther blieb somit im südlichsten Zipfel des damaligen Kurfürstentums Sachsen, auf der Veste Coburg. Der briefliche Verkehr nach Augsburg wurde dadurch, wie sich zeigen sollte, erheblich erschwert.

Unterwegs verfasste Melanchthon den Entwurf einer Vorrede zur Verteidigung der in den Torgauer Artikeln begründeten kirchlichen Reformen.[109] Missstände, hieß es dort, habe es in der Geschichte der Kirche stets gegeben. Verantwortungsbewusste Fürsten, aber auch Päpste, hätten sich jedoch ständig bemüht, diese abzustellen. In diesen Zusammenhang rückte Melanchthon den Ablassstreit: Gegen den Missbrauch des Ablasses habe man in Sachsen aus Gewissensgründen die Predigt der Gnade und Vergebung der Sünden in den Vordergrund gerückt. Und diese Predigt hätte keineswegs zur Zerstörung der echten Zeremonien und wahrer christlicher Werke und Ordnungen geführt. Luthers Name fiel nicht.

Am 2. Mai kam die kursächsische Delegation als erste in Augsburg an. Melanchthon führte sogleich Gespräche mit Politikern und Theologen beider Seiten. Im Zusammenhang damit verfasste er dann eine neue Vorrede zu den Torgauer Artikeln.[110] Melanchthon pries nun die Friedfertigkeit des Kaisers sowie die Bereitschaft, die Religionsfrage durch Gespräche zu lösen. Ihr Gewissen habe die sächsischen Kurfürsten Friedrich und Johann genötigt, hieß es weiter, die schlimmen Missstände in der Lehre und Praxis der Kirche abzustellen. Melanchthon schilderte diese Zustände in den dunkelsten Farben. Dagegen sei Luther aufgestanden und habe vor allem die Predigten zum Ablass kritisiert. Die Ausweitung des Streites müssten die Gegner verantworten. Ganz offenkundig seien jedoch die positiven Auswirkungen der gereinigten Lehre und Predigt. Scharf grenzte Melanchthon sich von denjenigen ab, die „unchristliche Schriften" gegen die Sakramente publizierten und als „Wiedertäufer" alle göttlichen und menschlichen Ordnungen umstürzen wollten. Damit habe Luthers Lehre absolut nichts zu tun, ebenso wenig mit den aufrührerischen Hussiten. Aus Luthers Predigt seien vielmehr umfassende Besserungen des kirchlichen Lebens und der Frömmigkeit erwachsen, was jeder, der die Verhältnisse vorurteilsfrei betrachte, anerkennen müsse. Der Text schloss mit dem Hinweis auf die vorliegenden „vornehmsten Artikel des Glaubens", die man in Kursachsen predige. Offenkundig ging es dabei um die Schwabacher Artikel. Der Kurfürst hatte sie dem Kaiser nach Innsbruck geschickt, die sächsische Delegation war jedoch brüsk zurückgewiesen worden. Karl V. dachte nicht daran, sich irgendwie vereinnahmen zu lassen.

Nicht nur Melanchthon hegte die Überzeugung, dass die Verhandlungen in Augsburg sich vor allem um die Berechtigung der kirchlichen Änderungen in den lutherischen Gebieten drehen würden. Diese Erwartung erschütterten Ecks 404 Artikel. Der alte Gegner Luthers wie auch Melanchthons hatte 380, meist aus dem Zusammenhang gerissene Sätze von Luther, Melanchthon, Zwingli, Karlstadt sowie von den Täufern Hubmayer und Denck zusammengestellt und 24 eigene Thesen hinzugefügt. Die Aussage war eindeutig: Lutheraner, Zwinglianer und Täufer gehörten zusammen! Sie bildeten, allen Unterschieden zum Trotz, doch eine und dieselbe ketzerische, aufrührerische, die geistliche und weltliche Ordnung zerstörende Größe. Von ihrer Zugehörigkeit zu der einen, wahrhaft christlichen und apostolischen Kirche konnte mithin nicht die Rede sein.

Selbstverständlich mussten die Lutheraner darauf antworten. Unter intensiver Nutzung der Marburger sowie vor allem der Schwabacher Artikel verfasste Melanchthon einen Text, in dessen erstem Teil er die evangelische Lehre in 17 Artikeln zusammenfasste. Es folgten Aussagen über vier besonders umstrittene Themen – den freien Willen, die Sünde, gute Werke sowie die Verehrung der Heiligen – woran sich in einem zweiten Teil sieben ausführliche Artikel über kirchliche Missstände und ihre Beseitigung anschlossen. Hier griff Melanchthon auf die Materialien der Torgauer Artikel zurück. Die wichtigste Veränderung betraf den ersten Teil, also die Lehre. Hier stellte Melanchthon die reformatorische Lehre ausdrücklich in den Kontext der theologischen Tradition und übernahm dementsprechend auch die dogmatischen Verurteilungen, welche die Kirche vor der Reformation ausgesprochen hatte.

Bereits am 11. Mai hatte Melanchthon einen ersten Entwurf dieser „Apologie", die dann Augsburger Bekenntnis hieß, fertig gestellt und an Luther geschickt. Darüber berichte ich im folgenden Abschnitt. Am 15. Juni zog der Kaiser in Augsburg ein. Er verbot sofort die evangelische Predigt. Nach einigem Hin und Her wurden in den Kirchen der Stadt lediglich biblische Texte ohne jede Auslegung verlesen. Sodann befahl Karl V. die Teilnahme an der Fronleichnamsprozession. Die Protestanten lehnten das zunächst ab, gaben dann jedoch nach. Als der päpstliche Legat Campeggio den Fürsten den päpstlichen Segen spendete und alle niederknieten, blieben der sächsische Kurfürst und der hessische Landgraf demonstrativ stehen.

Philipp von Hessen hatte zunächst versucht, die Aussage in Melanchthons Apologie über die leibliche Gegenwart Christi im Abendmahl abzumildern, um die Einbeziehung wenigstens der süddeutschen Städte in das kursächsische Bekenntnis zu erreichen. Das gelang nicht. Diese formulierten daraufhin in Eile eine eigene Bekenntnisschrift, der Straßburg, Konstanz, Lindau und Memmingen zustimmten (das „Vierstädtebekenntnis", Tetrapolitana). Zwingli legte mit der „Rechenschaft des Glaubens" (Fidei Ratio) einen eigenen Text vor. Nach dem Urteil Melanchthons handelte es sich dabei um das Werk eines Verrückten! Der Entschluss des Hessen, dem sächsischen Bekenntnis zuzustimmen, bremste erneut Melanchthons Zielsetzung. Da es sich nun nicht mehr um eine rein kursächsische Konfession handelte, konnten auch seine Verhandlungen mit verschiedenen altgläubigen Theologen und insbesondere Politikern über die Zeremonien nicht fortgeführt werden. Dabei ging es vor allem um die Zulassung der Priesterehe, die Gewährung des Kelches für die Laien im Abendmahl sowie die Austritte aus den Klöstern. Die Fürsten forderten öffentliche Verhandlungen. Am 21. Juni erreichten die protestantischen Stände, dass der Reichstag zuerst die Religionsfrage und danach die Steuer für den Krieg gegen die Türken behandelte.

Das lutherische Bekenntnis wurde schließlich von sieben Fürsten unterschrieben, die fünf Territorien repräsentierten – Kursachsen und Hessen, Brandenburg-Ansbach, Anhalt und Lüneburg – sowie den Vertretern der Städte Nürnberg und Reutlingen. Die Vorrede hatte der kursächsische Altkanzler Gregor Brück verfasst.[111] In verbindlichen Wendungen wurde die Erwartung ausgesprochen, dass nun auch die andere Seite sich schriftlich äußere, damit ein offenes Gespräch zustande käme und sich möglichst Einigkeit erzielen ließe. Sollte das nicht gelingen, appelliere man erneut, wie schon 1526, an ein allgemeines, freies, christliches Konzil. Am Nachmittag des 25. Juni verlas der sächsische Kanzler Christian Beyer im Kapitelsaal der bischöflichen Residenz in Gegenwart Karls V. und der Reichsstände das Augsburger Bekenntnis. Melanchthon war nicht anwesend. Ihn ängstigte nach wie vor der Gedanke, dass es nun zum Krieg kommen müsse.[112] Also galt es, möglichst alles zu tun, um dieses Unglück zu verhindern. Melanchthon konferierte mit verschiedenen hochgestellten Persönlichkeiten unter den Altgläubigen. Da er andererseits die theologische Schlüsselfigur unter den Protestanten darstellte, suchten viele aus beiden Lagern Gespräche mit ihm. Das alles geschah keineswegs hinter dem Rücken der kursächsischen Delegation. Inwieweit der Kurfürst in alle diese Schritte eingeweiht war, steht dahin. Auf jeden Fall widersprach es nicht seinen Intentionen, dass Melanchthon Kontakte zum päpstlichen Legaten Campeggio knüpfte. Am 4. Juli schrieb er ihm: „In der Lehre stimmen wir mit der wahren katholischen Kirche überein. Viele haben wir zurückgedrängt, die versuchten, verderbliche Dogmen zu verbreiten – wofür öffentliche Zeugnisse vorliegen. Wir sind bereit, der römischen Kirche zu gehorchen, wenn sie nur aufgrund ihrer Güte, die sie stets allen Völkern erwiesen hat, einiges Weniges duldet oder erlässt, was wir, selbst wenn wir wollten, nicht ändern können."[113]

Der Brief wurde natürlich bekannt und löste eine enorme Aufregung und Empörung aus. Campeggio und seine Umgebung signalisierten Interesse. Doch in den Fragen des Laienkelchs, der Priesterehe sowie insbesondere der Aufhebung der Gelübde von Mönchen und Nonnen lehnten die römischen Theologen jedes Entgegenkommen ab.

In der Zwischenzeit arbeitete eine Kommission von mehr als zwanzig altgläubigen Theologen an der Widerlegung des Augsburger Bekenntnisses. Eine erste Fassung mit mehr als 350 Seiten wies der Kaiser als allzu breit und oberflächlich zurück. Die zweite Fassung kam mit 31 Seiten aus. Sie war theologisch kaum gehaltvoller, verwarf jedoch schroff, worauf mit Melanchthon viele Protestanten ihre Hoffnung gesetzt hatten: die Anerkennung der Priesterehe, des Laienkelchs sowie des Dispenses von den Klostergelübden. Am 3. August wurde diese „Widerlegung des Augsburger Bekenntnisses" (Confutatio Confessionis Augustanae) feierlich verlesen. Zuletzt hieß es, dass der Kaiser bei der Zurückweisung dieses Textes als „oberster Vogt und Beschirmer der heiligen christlichen Kirche" handeln werde.[114] Karl V. stimmte diesem Urteil zu.

Auch für den Landgrafen war jetzt die Entscheidung gefallen. Am 6. August verließ er heimlich Augsburg. Dort beriet ein großer, von den altgläubigen Fürsten gebildeter Ausschuss über die Appellation der Protestanten an ein Konzil und das weitere Vorgehen. Man kam überein, einen Ausschuss mit jeweils sieben Theologen und Politikern zu bilden, die vom 16. bis zum 21. August über verschiedene dogmatische Themen diskutierten. Die führende Rolle spielten Eck und Melanchthon. Dieser zeigte sich durchaus bereit, seinem Kontrahenten entgegenzukommen. Nicht auf die Wiederholung vertrauter Wendungen komme es an, sondern auf die inhaltlich angemessene Darlegung des intendierten Sachverhalts.

Da der Vierzehnerausschuss zu groß und unbeweglich war, wurde ein kleines Gremium gebildet, dem neben Melanchthon und Eck jeweils zwei Räte angehörten. Man diskutierte vom 24. bis zum 28. August. Es fehlte nicht an Annäherungen, doch letztlich scheiterten auch diese Gespräche. Die Altgläubigen informierten den Kaiser darüber am 31. August, am 3. September stellte Melanchthon die Punkte zusammen, über die sich keine Einigung erreichen ließ.[115] Gleichzeitig fehlte es nicht an Kritik an Melanchthon im eigenen Lager. Er schrieb dazu am 23. August an Matthäus Alber in Reutlingen: „Ich weiß, dass unsere Mäßigung vom Volk getadelt wird. Uns ziemt es jedoch nicht, vom Geschrei der Menge bewegt zu werden. Wir müssen auf den Frieden und die Zukunft blicken. Kann auf diese Weise die Einheit unter den Deutschen wiederhergestellt werden, dann ist das für uns alle ein großes Glück."[116]

Auf die Confutatio hatte Melanchthon sofort antworten wollen. Obwohl er sich lediglich auf Notizen stützen konnte, die sich Camerarius und ein anderer Schnellschreiber während der Verlesung gemacht hatten, verfasste Melanchthon eine biblisch begründete Zurückweisung jenes Textes. Brück versuchte, ihn im Namen der protestantischen Stände einen Tag vor der Abreise der kursächsischen Delegation dem Kaiser zu überreichen. Sein Bruder Ferdinand verhinderte das. Ebenfalls am 22. September entwarf Karl V.

eine erste Fassung des Reichstagsabschieds: Die Confutatio habe die Aussagen des Bekenntnisses der Protestanten widerlegt. Diese dürften deshalb keine weiteren Stellungnahmen zum Thema veröffentlichen. Außerdem hätten sie die Klöster und Stifte wiederherzustellen, ebenso die Messfeiern mitsamt der Privatbeichte. Und bis zum 15. April 1531 müssten sie zur alten Kirche zurückgekehrt sein, andernfalls werde er mit Gewalt gegen sie vorgehen. Der endgültige Reichstagsabschied vom 19. November redete zwar sprachlich etwas weniger schroff, in der Sache jedoch genau so eindeutig. Zu diesem Zeitpunkt waren die Altgläubigen allerdings längst unter sich. Die Protestanten hatten Augsburg bereits verlassen.

Augsburger Bekenntnis und Apologie

In das Augsburger Bekenntnis (Confessio Augustana, CA) waren viele Gedanken, Anregungen und Stellungnahmen verschiedener lutherischer Theologen eingegangen. Trotzdem handelte es sich hierbei im Aufbau, in der Gedankenführung und Sprache um Melanchthons Werk.[117] Als seine Privatarbeit kann man sie aber nicht bezeichnen. Dagegen spricht schon, dass die Zustimmung zur CA bald als Kennzeichen der Zugehörigkeit zu den „Protestanten" sowie dem Schmalkaldischen Bund galt. Darüber sogleich mehr. Bei der in Augsburg vorgelegten Bekenntnisschrift handelte es sich jedenfalls um die souveräne Zusammenfassung dessen, was die Anhänger der lutherischen Reformation glaubten, bekannten und lehrten.

Die CA war, wie berichtet, in zwei Teile gegliedert. Der erste behandelte in 17 Artikeln meisterhaft knapp, präzise und klar die Fragen der Lehre. Sie dokumentierten in beeindruckender Weise Melanchthons sprachliche und sachliche Kompetenz. Der Bogen, den er hier schlug, erstreckte sich von der Trinität bis zur Wiederkehr

Christi. Den verbindenden und gestaltenden Grundgedanken bildete die Rechtfertigung des Sünders aufgrund seines Glaubens an den Sühnetod Christi. Diese Aussage in Artikel IV nahm auf, was zuvor über Gott, die Erbsünde und Christus gesagt worden war und fasste in sich, was dann die Artikel über das Amt, die Kirche sowie die Sakramente als Gnadengaben entfalteten. Die folgenden vier Artikel fielen aus dieser Systematik heraus. Ihre Themen hatte Melanchthon prinzipiell bereits in den vorangegangenen Abschnitten behandelt. Indem er sie am Ende der Darlegung der reformatorischen Lehre noch einmal aufnahm, unterstrich er erneut die Gemeinsamkeiten mit den Altgläubigen.

Melanchthon rückte das lutherische Bekenntnis also ebenso bewusst wie betont in den Kontext der gesamtchristlichen Dogmen- und Theologiegeschichte. Das war seine geistige Leistung. Sicherlich stimmten viele im reformatorischen Lager mit ihm überein, dass es in der von Luther angestoßenen Bewegung um die Erneuerung der einen, wahren christlichen Kirche ging. Aber Melanchthon unterstrich hier nachdrücklich, dass es unabhängig von den erheblichen theologischen und politischen, kirchlichen sowie praxisbezogenen Differenzen in der Gegenwart eine breite gemeinsame kirchliche Tradition mit den entsprechenden religiösen Erfahrungen gab. Davon zeugten die Artikel über die kirchliche Lehre und die Abstellung der Missbräuche ebenso wie die Verwerfungen, die sich gegen unterschiedliche falsche religiöse und theologische Auffassungen von der Antike bis zur Gegenwart richteten.

Was man den ökumenischen Charakter des Augsburger Bekenntnisses genannt hat, gründete in dieser Einbindung der aktuellen, durchaus auch böse und erbittert geführten Auseinandersetzungen in die gesamte kirchliche Tradition. Diese Feststellung gilt allerdings, wie wir sahen, vor allem im Blick auf die katholische

Kirche. Sie galt nicht oder kaum für die von Zwingli und seinem Anhang repräsentierte Ausprägung der Reformation. Hierbei spielten apologetische Gesichtspunkte eine wesentliche Rolle. Auch die Sehnsucht des christlichen Humanisten nach Frieden und Harmonie unter den Gebildeten und wahrhaft Frommen hat fraglos Melanchthons Ausrichtung der lutherischen Verteidigungsschrift beeinflusst. Aber auch dabei handelte es sich um seine individuelle theologische Leistung, die in dieser Form nur begrenzt der Intention Luthers entsprach. Dasselbe gilt für nicht wenige Politiker und Theologen unter den Protestanten.

Diese Feststellung bedeutet jedoch nicht, dass Luther die CA ernsthaft kritisiert hätte. Er verstand und nutzte sie allerdings anders, nämlich im Sinn der bekenntnishaften Abgrenzung von den Päpstlern. Am 15. Mai teilte Luther dem Kurfürsten sein Urteil über die weitgehend fertige Bekenntnisschrift mit: Sie gefalle ihm sehr gut und er wisse nichts daran zu ändern.[118] Darauf folgte der immer wieder zitierte Satz: „Würde sich auch nicht schicken, denn ich so sanft und leise nicht treten kann." Daraus wurde, eindeutig gegen den Sinn der Aussage, dann ein Beleg für den heroischen Glaubenshelden Luther gegenüber dem zur Anpassung geneigten Leisetreter Melanchthon konstruiert. Luther wollte nur zum Ausdruck bringen, dass der Freund eine größere Fähigkeit als er besaß, einen derartigen Text zu verfassen. Ihre unterschiedliche Begabung auf diesem Feld hatte Luther 1529 in seiner Vorrede zur deutschen Fassung von Melanchthons Kolosserbriefkommentar beschrieben: „Ich habe fürwahr Magister Philipps Bücher lieber als die meinen [...]. Ich bin dazu geboren, dass ich mit den Rotten und Teufeln muss kriegen und zu Felde liegen, weshalb viele meiner Bücher stürmisch und kriegerisch sind. Ich muss die Klötze und Stämme ausrotten, Dornen und Hecken weghauen, die Pfützen ausfüllen und bin der grobe Waldrechter, der die Bahn brechen und zurichten muss. Aber Magister Philipp fährt säuberlich und still daher, baut und pflanzt, sät und begießt mit Lust, wie Gott ihm hat gegeben seine Gaben reichlich."[119]

Am 3. Juli teilte Luther Melanchthon noch einmal mit: „Ich habe gestern Deine Apologie noch einmal ganz gelesen und sie gefällt mir außerordentlich."[120] Nicht das Gegenüber von Luther und Melanchthon entspricht also der Realität, sondern ihr Nebeneinander. Deshalb konnte Luther am 29. Juni Melanchthon schreiben, er wolle nicht, dass man sage, man sei seiner Autorität gefolgt.[121] Gewiss ließe sich dieser Satz auch positiv deuten. „Doch wenn es nicht zugleich und in gleicher Weise Eure Sache ist, will ich nicht, dass man erklärt, sie sei die meinige und Euch auferlegt." Wenn jedoch jeder Verantwortung für das Bekenntnis der Reformation trug, musste folgerichtig auch jeder selbst entscheiden, in welchen Fragen und wie weit er den Forderungen der Gegenseite nachgeben könne. Darauf hob Luther ab, wenn er Melanchthon am 20. Juni antwortete: Worin der Fürst nachgeben müsse, wenn ihm Gefahr drohe, sei ein eigenes Thema, also von dem zu trennen, was er, Luther, den Gegnern einräumen würde.[122] Für seine Person habe die CA bereits mehr als genug konzediert. Doch Melanchthon dachte und argumentierte in diesem Zusammenhang eben nicht als Privatperson, sondern im Dienst und insofern mitverantwortlich für seinen Fürsten. Das hieß dann: Die Entscheidung darüber, welche kirchlichen Missstände beizubehalten oder abzustellen wären, müssten die Verantwortlichen in Augsburg unter Berücksichtigung der gegebenen Möglichkeiten selbst fällen. Aber auf diese Fragen kam es Luther in seinen Briefen von der Coburg offenkundig viel weniger an als darauf, dass der Freund mutig, fröhlich und gelassen auf Christus baute und seiner Herrschaft vertraute. Das schrieb keine heiter gestimmte

Persönlichkeit, sondern ein unruhiger, angefochtener, zu Depressionen neigender Mann. Es ging Luther um den gelebten Vollzug der in der CA bekannten Wahrheit. Am 16. Oktober 1530 predigte Luther: „Wir indes haben genug daran, dass Gott uns stark gemacht hat, so dass wir an höchstem Ort unseren Glauben bekannt haben; und daraus folgt, dass die Besten und Schlechtesten unter ihnen anerkennen müssen, dass unsere Lehre sich nicht im geringsten gegen irgendeinen Artikel des Glaubens richtet. Dafür danken wir Gott."[123]

Zu diesem Zeitpunkt hatte sich Melanchthon ein Exemplar der Confutatio beschafft und arbeitete intensiv an der Apologie der CA.[124] Seine Darstellung verband Ausführlichkeit mit der souveränen Zurückweisung der gegnerischen Vorwürfe. Er argumentierte hier ohne taktische Zurückhaltung, getragen von einem warmen persönlichen Glauben. Die Ängste und Sorgen, die ihn in diesen Wochen und Monaten umtrieben, spürt man dem Werk nicht an.

Die Darlegung und Verteidigung der Rechtfertigungslehre umfassen mehr als ein Viertel der gesamten Schrift. Nimmt man die Ausführungen über die Buße hinzu, die weitgehend um dieselbe Thematik kreisen, handelt die knappe Hälfte der Apologie von der Rechtfertigung des Menschen durch Gottes Barmherzigkeit allein aufgrund des Glaubens an Jesus Christus. Melanchthon sah hierin erneut das Zentrum der christlichen Lehre und somit auch den entscheidenden Streitpunkt, weshalb dazu so ausführlich Stellung bezogen werden müsse.[125] Prinzipiell auszuschließen sei die Vorstellung, der Mensch könne vor Gott Verdienste erwerben. Ein solches Denken gehöre in die Philosophie und lege Christus erneut ins Grab. Auf den individuellen, persönlichen Glauben an Christi Heilstat komme es stattdessen an. Dieser Glaube umfasse Belehrung, Wiedergeburt, Erneuerung sowie die „Aufrichtung der Herzen". Im Anschluss daran erörterte Melanchthon, weshalb dieser Glaube gerecht mache und was die Vergebung der Sünden allein aufgrund des Glaubens bedeutete. Er schloss diesen Teil mit den Sätzen: „Was heißt aber Erkenntnis Christi anderes, als die Wohltaten Christi zu erkennen sowie seine Verheißungen, die er durch das Evangelium in der Welt verbreitet? Diese Wohltaten zu erkennen, heißt eigentlich und wahrhaftig an Christus glauben, glauben, dass Gott das, was er um Christi willen versprochen hat, auch sicherlich gibt."[126]

Danach behandelte Melanchthon detailliert die Einwände der Gegner mitsamt den Argumenten, die sie in Augsburg vorgebracht hatten. Selbstverständlich führe der Gerechtfertigte ein neues Leben, übe Liebe gegenüber seinen Mitmenschen und strebe danach, erfüllt vom Heiligen Geist, Gottes Gesetz zu erfüllen. Doch alles das begründe keinerlei Verdienste gegenüber Gott. Auf die Anerkennung dieser Wahrheit komme es entscheidend an. „Das weisen wir nämlich in der Lehre der Gegner zurück, dass sie mit Wendungen der Bibel oder auf philosophische bzw. juristische Weise die durch den Glauben bewirkte Gerechtigkeit und den Mittler Christus ausschließen."[127]

Nachwirkungen

Die falschen Auffassungen der anderen Seite zu widerlegen, war das eine; zu erkennen, dass auch innerhalb der eigenen Reihen theologische Unklarheiten und Irrtümer herrschten, das andere. Nach der Veröffentlichung der CA, die zusammen mit der Apologie im Herbst 1531 in einer Oktavausgabe erschien, wurde Melanchthon erneut mit diesem Problem konfrontiert. Exemplarisch dafür steht der Briefwechsel mit dem Freund Johannes Brenz.[128] Der hatte Melanchthon um Aufklärung gebeten, wie das Verhältnis von Rechtfertigung durch den Glauben und den nachfolgenden guten Werken zu denken sei. Melanchthon verwies Brenz auf die Darlegungen in der Apologie, an der er arbeitete, unterstrich dann jedoch, dass es sich bei der Rechtfertigung um die Gerechterklärung des Menschen durch Gott allein aufgrund seines Glaubens und ohne Ansehung der folgenden guten Taten handele. Augustin rede ungenau, wo er die durch den Heiligen Geist gewirkten Werke als wesentlich für die Rechtfertigung bezeichne. Dagegen solle Brenz Front machen: „Und ich ermahne Dich, dass Du auf diese Grundlage in der Kirche drängst, nämlich dass wir nicht wegen irgendeiner unserer Reinheiten als Gerechte angesehen werden, also von Gott Angenommene, sondern wegen Christus, auch wenn dann notwendig mit dem Empfang des Hl. Geistes die Erneuerung folgt."[129]

Selbstkritisch räumte Melanchthon gegenüber Brenz ein, dass er dieses Problem in der Apologie zwar inhaltlich richtig, jedoch nicht durchsichtig und methodisch zwingend genug dargestellt habe.[130] Das musste verbessert werden, allerdings nicht durch Korrekturen in der Apologie, sondern durch einen Neuansatz. Der gewann dann Gestalt im 1532 edierten Kommentar über den Römerbrief.[131] Melanchthon war überzeugt, hier die Lehre über die Rechtfertigung wirklich einleuchtend entfaltet zu haben. Dazu gehörte, dass er der Textauslegung einen rational argumentierenden und logisch deduzierenden Abschnitt voranstellte. Hier wurde, wie Melanchthon mehrfach unterstrich, Belehrung im Sinn intellektueller Lernbarkeit geboten, die sich bewusst innerhalb der Grenzen von Logik und Rhetorik bewegte.

Angesichts der Tatsache, dass der Kaiser im Reichstagsabschied mit Krieg gedroht hatte, versammelten sich die protestantischen Stände Ende Dezember 1530 in Schmalkalden, um über ihr weiteres Vorgehen zu beraten. Bereits im Oktober waren sich die Juristen und Politiker einig, dass man dem Kaiser militärischen Widerstand leisten dürfe. Denn, erläuterte Brück den Theologen Luther, Melanchthon sowie Justus Jonas am 26. Oktober in Torgau, der Kaiser sei als gewählter Fürst keine Obrigkeit wie die erblichen Landesherren. Auch schwebe noch die Appellation an das Konzil, weshalb Karl V. nichts gegen die Protestanten unternehmen dürfe. Recht gewunden ließen sich die Theologen auf diese Interpretation ein: Weil wir „allezeit gelehrt haben, dass man weltliches Recht solle lassen gehen, gelten und halten [...], weil das Evangelium nicht gegen das weltliche Recht lehrt, so können wir's mit der Schrift nicht anfechten, wo man sich des Falls wehren müsste, es sei selbst der Kaiser in eigener Person oder wer es in seinem Namen tut".[132]

Philipp von Hessen drängte darauf, sofort einen Bund zur Verteidigung zu schließen. Andere, darunter der Sachse, zögerten. Dabei ging es auch wieder um das Problem der einheitlichen Lehre. Vor allem der Hesse sowie der Straßburger Jakob Sturm setzten jedoch durch, dass Lehreinheit nicht die Voraussetzung für die Zugehörigkeit zum Bund bildete. Es gelang dann Bucer durch den Verweis auf Melanchthons veränderte Auffassung über das Abendmahl in der Apologie – wonach Christus *mit* den Elementen Brot und Wein gegenwärtig sei und nicht *in* ihnen[133] –, den Anschluss der süddeutschen Reichsstädte an die CA zu erreichen. Auch deshalb konnten sie dann als Mitglieder des Schmalkaldischen Bundes in den Schutz des „Nürnberger Anstands" kommen, den der von den Türken bedrängte Kaiser dem Bund im August 1532 zugestehen musste. Bis zum Konzil, mindestens jedoch bis zum nächsten Reichstag, sollte die Religionsfrage ruhen.

6. Einigungsbestrebungen

Europäische Kontakte

Das runde Jahrzehnt nach 1532 bildete den Höhepunkt des öffentlichen Wirkens und des Einflusses Philipp Melanchthons. Jetzt dominierten vollends die beiden Aspekte seiner Tätigkeit: Zum einen das Bestreben, die reformatorische Lehre möglichst klar, deutlich und überzeugend darzustellen und zu vermitteln; und zum andern das Bemühen, dabei die Einheit der Kirche nicht aus dem Blick zu verlieren und sich daher immer wieder für deren Bewahrung und Wiederherstellung einzusetzen. Dabei leitete Melanchthon kein besonderes Vertrauen mehr auf den Kaiser oder andere politische Mächte. Sie wurden angesprochen, umworben, bisweilen auch gefeiert und idealisiert. Dahinter stand dauerhaft das Ziel, den Frieden im Deutschen Reich mitsamt der Einheit der Christenheit zu erhalten.

Der Schmalkaldische Bund bildete schnell eine politische Größe.[134] Im Februar 1531 wurde der Bundesvertrag geschlossen, im April 1532 eine Verfassung erarbeitet. An der Spitze der Organisation standen zwei „Hauptleute", der sächsische Kurfürst und der hessische Landgraf. Die Versuche beider, eine jeweils eigene Politik mit Hilfe des Bundes durchzusetzen, blieben erfolglos. Insofern übte der Schmalkaldische Bund auch eine pazifizierende Wirkung aus. Die andauernden Bemühungen des Sachsen, eine einheitliche Lehre durchzusetzen, scheiterten zunächst am Widerstand insbesondere Philipps von Hessen und Jakob Sturms. Sie plädierten für eine weite Fassung des Reformatorischen, wobei alle eingeschlossen sein sollten, die öffentlich für das Evangelium eintraten. Dem Interesse des Kaisers und der Altgläubigen entsprach dagegen eine möglichst präzise Kennzeichnung der „Protestanten". Daraus ergab sich dann deren faktische Eingrenzung auf die Anhänger der CA. Um 1540 war ihre Gleichsetzung mit den „Protestanten" dann weitgehend selbstverständlich geworden.

Der politische Aufstieg und Machtzuwachs des Schmalkaldischen Bundes weckten Aufmerksamkeit und Interesse auch im Ausland. Umgekehrt streckten die Schmalkaldener ihre Fühler über das Deutsche Reich hinaus aus. Sie wünschten z. B. die Unterstützung Frankreichs für ihre Appellation an ein Konzil. Die Nürnberger Vereinbarung von 1532 bot zwar zunächst Schutz vor einem Angriff des Kaisers. Aber in diesem Dokument war bewusst offen gelassen, ob und inwiefern der militante Augsburger Reichstagsabschied daneben weiterhin Gültigkeit besaß. Die Franzosen warben ihrerseits für ein allgemeines Religionsgespräch. Zu diesem Zweck reiste seit dem Frühjahr 1534 Guillaume du Bellay, der Bruder des Pariser Erzbischofs, im Auftrag von Franz I. durch Deutschland. Auch von Melanchthon wurde eine Stellungnahme angefordert. Er entwickelte hierin erneut seine Lieblingsidee: Ein Kreis einsichtiger, kluger und frommer Persönlichkeiten sollte die kirchlichen Verhältnisse überprüfen, Vorschläge für Verbesserungen erarbeiten, Bestehendes jedoch möglichst bewahren.[135] „Deshalb ist es grundlegend, ihnen aufzuweisen, dass es nicht darum geht, die kirchliche Autorität abzuschaffen, vielmehr andere große Dinge zu diskutieren und zu erläutern, die das Gewissen und die Verehrung Gottes betreffen." Die hervorragendsten Männer im protestantischen Lager begehrten, die herkömmliche Gestalt der Kirche soweit wie nur möglich zu erhalten. Sogar eine Anerkennung der Oberhoheit des Papstes deutete Melanchthon an.[136] Doch keinerlei Abstriche dürften in Fragen der reinen Lehre des Evangeliums gemacht werden. Dann wurde er zusammen mit Bucer nach Paris eingeladen. Beide verband inzwischen eine freundschaftliche Übereinstimmung. Sie waren sich auch darin einig, dass es gelte, in den Gebieten der Altgläubigen vorsichtig die Türen für die reformatorische Predigt zu öffnen. Die Wahrheit werde sich dann sicherlich Schritt um Schritt durchsetzen.[137]

Der sächsische Kurfürst sah die Dinge allerdings erheblich anders. Für ihn handelte es sich beim Werben des französischen Königs um einen rein politischen Schritt, um die Schwierigkeiten des Kaisers zu vergrößern. Es musste Karl V. provozieren, wenn sein neben den Türken ärgster Feind zwei der angesehensten deutschen protestantischen Theologen einlud! Deshalb durfte Melanchthon nicht reisen. Dem französischen König teilte der Fürst mit, er könne zur Zeit nicht auf die Anwesenheit seines Professors aus Wittenberg verzichten. Eine Annäherung Frankreichs an den Schmalkaldischen Bund wünschten auch dessen andere Mitglieder nicht ernsthaft. Niemand wollte den Kaiser herausfordern. In einem gewundenen Schreiben an Franz I., das Melanchthon verfasste, wurde die ehrenvolle Einladung abgelehnt.[138]

Die Kontakte nach England führten ebenfalls zu keinem positiven Ergebnis. Melanchthon widmete Heinrich VIII. 1535 zwar seine Neubearbeitung der „Loci communes" mit einer hymnischen Vorrede. Auf die Bedeutung dieses Werkes komme ich zurück. In Wittenberg erschien auch eine englische Delegation zu theologischen Gesprächen und politischen Verhandlungen. Der englische König wünschte ebenfalls eine Verbindung mit dem Schmalkaldischen

Bund. Hier schätzte man allerdings Heinrich VIII. aufgrund seiner Feindschaft gegen Luther und insbesondere wegen seiner Ehescheidung nicht besonders. Andererseits betrachteten die Engländer es als Zumutung, die Reformation in ihrem Land nach deutschem Vorbild und auf der Grundlage des Augsburger Bekenntnisses durchführen zu sollen.[139] Der Kurfürst untersagte Melanchthon auch jetzt wieder aus politischen Gründen die Reise nach England, um den Kaiser nicht zu verärgern. Luthers Versuch, den Fürsten umzustimmen, fruchtete nichts. Dass Heinrich VIII. dann seine zweite Frau Anne Boleyn nicht nur verstieß, sondern hinrichten ließ, wirkte in weiten Teilen Europas abstoßend. Nun bedauerte Melanchthon nicht mehr, dass seine Reise nach England nicht zustande gekommen war.

Die Wittenberger Konkordie

Etwas früher, nämlich im Mai 1534, gelang Philipp von Hessen durch einen militärischen Schlag gegen die Österreicher die Rückführung des 1519 vom Schwäbischen Bund vertriebenen Herzogs Ulrich von Württemberg in sein Land. Der Krieg war diplomatisch vorzüglich vorbereitet: Erzherzog Ferdinand führte Krieg gegen die Türken; hinter dem Landgrafen standen der Schmalkaldische Bund, das streng katholische Bayern und vor allem Frankreich. Im Frieden von Kaden bei Eger kam es am 29. Juni 1534 zur Bereinigung der angesammelten Probleme: Der sächsische Kurfürst gab seine Zustimmung zur Wahl Ferdinands zum römischen König. Die für die Protestanten schmerzhaften Prozesse des Reichskammergerichts gegen ihre Übertretungen des Reichsrechts wurden ausgesetzt. Schließlich bestimmte der Vertrag, dass in Württemberg keine „Sakramentierer" zuzulassen wären. Das richtete sich gegen die keineswegs geringe Zahl der Anhänger Zwinglis im Land. Durch diese Anordnung kam nun wieder Bewegung in die Auseinandersetzungen über das Verständnis des Abendmahls.

Um beiden Seiten zu genügen, den Lutheranern ebenso wie den Süddeutschen, wurde am 2. August 1534 durch die Theologen Ambrosius Blarer und Erhard Schnepf in Stuttgart eine Übereinkunft darüber erzielt, dass Christus im Abendmahl real anwesend sei. Der Erstgenannte war ein Freund Martin Bucers, der andere seit der gemeinsamen Studienzeit mit Melanchthon bekannt. Vom 27. bis zum 29. Dezember diskutierten dann Bucer und Melanchthon in Kassel über verschiedene theologische Themen, vor allem jedoch das Abendmahl. Luther hatte dem Freund kurz vorher eine Instruktion zukommen lassen, woran dieser sich unbedingt halten solle.[140] Aber die betont krasse Formulierung des Reformators – dass man Christus im Abendmahl in die Hand und in den Mund nehme – ließen die beiden Männer in Kassel lediglich als eine Grenzaussage gelten. Melanchthon hatte sich, wie berichtet, aufgrund der Arbeit Oekolampads über das Abendmahlsverständnis in der Alten Kirche von seiner früheren Auffassung entfernt und in der Apologie eine neue Formulierung gegenüber der CA gewählt: Nicht mehr *in* Brot und Wein, sondern *mit* diesen Elementen sei Christus gegenwärtig. Bucer vertrat umgekehrt nicht die Auffassung Zwinglis, sondern sprach, in der Übernahme einer Formulierung Luthers, von der „sakramentalen Einigung" Christi in Brot und Wein. Insofern konnten beide sich verständigen. Jetzt kamen sie überein, „dass der Leib des Herrn an sich weder mit der Vernunft erreicht und begriffen werden kann, sondern dass der Glaube da handeln muss".[141] Beiden war jedoch auch klar, dass diese Frage nur im Einverständnis mit Luther geregelt werden konnte.

Vor allem aufgrund des unaufhörlichen Drängens Bucers schlug Luther schließlich den süddeutschen Predigern eine mündliche

Verhandlung über sämtliche Punkte der reformatorischen Lehre vor und insbesondere über das Verständnis des Abendmahls. Die Unterredung sollte am 14. Mai 1536 in Eisenach stattfinden. Aber Luther war krank, er konnte nicht reisen. Sein Steinleiden quälte ihn, verbunden mit Schlaflosigkeit und Depressionen. Die Oberdeutschen beschlossen auf diese Nachricht hin, direkt nach Wittenberg zu reisen. Am 22. Mai fand die erste Begegnung mit dem Reformator statt. Luther attackierte sogleich die Gäste. Mannhaft widersprach ihm Capito, Bucers Kollege und Freund. Das Gespräch musste jedoch abgebrochen werden, weil es Luther zu schlecht ging.

Am Nachmittag des folgenden Tages diskutierte man weiter. Vor allem Luther und Bucer kreuzten die Klingen. Umstritten war vor allem, ob auch die Gottlosen Christus empfingen – was Luther betonte, um Christi Wirken unabhängig von allem menschlichen Denken und Empfinden hervorzuheben. Bucer wandte sich dagegen, weil für ihn in dieser Auffassung anstelle der Freiheit Christi dessen starre Fesselung an die Elemente Brot und Wein zum Ausdruck kam. Der Wittenberger Stadtpfarrer Johannes Bugenhagen löste die Schwierigkeit dann durch den Vorschlag, zwischen Gottlosen und Unwürdigen zu unterscheiden. Letztere empfingen das Abendmahl zum Gericht. Ob das auch für diejenigen galt, die an nichts glaubten, ließ man dahingestellt.

Dann fragte Luther jeden einzelnen der Süddeutschen, ob er glaube, was hier vorgetragen worden war, dass also die Gemeinde im Abendmahl nicht nur Brot und Wein, sondern Christus empfinge. Alle bejahten das und unterstrichen ihre Zustimmung zu Bucers Ausführungen. Daraufhin verließen Luther und seine Anhänger zu einer Besprechung untereinander den Raum. Nach ihrer Rückkehr erklärte Luther: „Würdige Herrn und Brüder, wir haben nun Euer aller Antwort und Bekenntnis gehört, dass Ihr glaubt und lehrt, dass im heiligen Abendmahl der wahre Leib und das wahre Blut des Herrn gegeben und empfangen werden und nicht nur Brot und Wein [...]. Ihr stoßt Euch nur an den Gottlosen, bekennt aber, wie der hl. Paulus sagt, dass die Unwürdigen den Leib des Herrn empfangen [...]. Darüber wollen wir nicht zanken. Weil es nun also bei Euch steht, so sind wir eins, erkennen und nehmen Euch an als unsere lieben Brüder im Herrn, was diesen Artikel anbelangt."[142] Es war ein bewegender Augenblick, der Capito und Bucer die Tränen in die Augen trieb. Melanchthon, der sich in der Diskussion bewusst zurückgehalten hatte, wurde beauftragt, die erzielte Übereinkunft schriftlich zu formulieren.

Der Lehrmeister

Die Zurückhaltung Melanchthons in der Kontroverse über das Abendmahl war keineswegs kennzeichnend für seine Einstellung zu den theologischen Themen und Problemen in dieser Zeit. Seit den Dreißigerjahren galt er als *der* Theologe der lutherischen Reformation. Er vertrat sie literarisch ebenso wie persönlich, auf sämtlichen offiziellen und offiziösen Ebenen, bei den Tagungen des Schmalkaldischen Bundes, auf den Reichstagen sowie bei den Religionsgesprächen. Gleichzeitig setzte er – unentwegt lesend, nachdenkend, neu formulierend – in diesen Jahren auch andere theologische Akzente.

Von der veränderten Fassung der Rechtfertigungslehre, zu der sich Melanchthon nicht zuletzt durch Erfahrungen im eigenen Lager 1532 genötigt sah, habe ich schon berichtet. Seine im Sommer 1535 erschienene Neubearbeitung der „Loci communes" bildete die Zusammenfassung der Bemühungen, den Hauptartikel der reformatorischen Verkündigung in logischer Klarheit und insofern in aller Eindeutigkeit darzulegen. Das Werk war ausdrücklich als Lehrbuch konzipiert. „Ich hoffe, viele werden erkennen, dass dies die Zielsetzung meiner Ausführungen ist: Erstens, so zutreffend, wie ich nur kann, den jungen Leuten die Summe der Lehre unserer Kirchen zu vermitteln; zweitens, den Konsens der Unseren zu schützen."[143] Diese Bemühungen standen nach der festen Überzeugung Melanchthons nicht im Gegensatz zur Lehre der Kirche, sie bewegten sich vielmehr eindeutig in der Übereinstimmung mit ihr. Dementsprechend proklamierte er: „Damit der fromme Leser jedoch weiß, was ich bekenne und was in summa ich denke, ist dies voranzustellen: Ich schätze und befolge, wie es allen Frommen geziemt, die Übereinkunft mit der Katholischen Kirche Christi und werde niemals davon abweichen, noch auch jemals irgendeiner fanatischen Auffassung beipflichten, die von der Kirche mit sicheren Zeugnissen verdammt worden ist."[144] Beide Gesichtspunkte zusammen vermittelten Melanchthon das Gefühl sicherer Überlegenheit. Nur Narren konnten anfechten oder bestreiten, was er lehrte. Der Widerspruch der Gegner entlarvte sich mithin als massive Unbildung.

Ebenso urteilten die Freunde, aber durchaus auch die Widersacher Melanchthons im eigenen Lager. Um mit den Ersten zu beginnen: Er wurde gefragt – wie das Beispiel Brenz zeigte –, wenn es um die Aufklärung theologischer Probleme ging. Mithilfe seiner Loci lernten nicht nur die Studierenden, sondern verständigten sich auch die Fortgeschrittenen und interpretierten von daher die Äußerungen Luthers. Kurfürst Johann Friedrich, Melanchthon keineswegs nur freundlich gesinnt, redete ihn im August 1535 ganz selbstverständlich an „als unser vornehmster Theologus".[145] Und ohne jede Überheblichkeit kannte Melanchthon seine Bedeutung. An Bucer schrieb er im Februar 1535, er hoffe, auch in der Abendmahlsfrage der Kirche noch von Nutzen sein zu können. „Meine Schriften bezeugen, wie viel ich in dogmatischen Fragen erläutert habe, was vorher von den Unsern konfus diskutiert wurde."[146]

Trotzdem fehlten auch weiterhin nicht die Kritiker in den eigenen Reihen. In dem Maß, in dem die Lehre an Gewichtigkeit gewann, wuchs auch die Bedeutung der formalen Lehreinheit. Daneben spielten dauerhaft Vorwürfe eine Rolle, dass Melanchthon allzu verbindlich und pädagogisch vermittelnd argumentierte. Nicht nur in dieser eher formalen Hinsicht, sondern durchaus auch inhaltlich waren Unterschiede zu Luther kaum zu übersehen. Dessen alter Gefährte Nikolaus von Amsdorf, jetzt Superintendent in Magdeburg, gehörte zu denen, die sich als Hüter der reinen Lehre Luthers begriffen. Amsdorf nannte Melanchthon eine Schlange, die Luther am Busen nährte. Als ebenso eifrige Anwälte dessen, was Luther sagte und meinte, traten Vertreter der zweiten Generation auf. Kennzeichnend hierfür war der von Conrad Cordatus ausgelöste Streit über Melanchthons Rechtfertigungslehre.[147] Ohne hier auf Einzelheiten einzugehen, belegte diese Auseinandersetzung eine bemerkenswerte Neigung zum Streit um Worte.

Cordatus hatte gehört, dass Caspar Cruciger, Theologieprofessor in Wittenberg, in einer Vorlesung die Reue als unabdingbare Voraussetzung (conditio sine qua non) für die Rechtfertigung bezeichnet hatte. Cordatus empörte sich über diese Aussage, weil sie dem Grundsatz zu widersprechen schien, dass der Mensch allein aus Glauben (sola fide) gerechtfertigt wird. Vollends aufgebracht reagierte Cordatus, als er erfuhr, dass Cruciger eine Redeweise Melanchthons übernommen hatte. Jetzt beschwerte sich Cordatus bei Luther: Offenbar hatten weder Cruciger noch Melanchthon die Lehre von der Rechtfertigung wirklich begriffen! Luther zeigte sich irritiert, weil er Ähnliches von Amsdorf und anderen gehört hatte. Melanchthon hielt sich zu diesem Zeitpunkt nicht in Wittenberg auf.

Ob Cordatus seine Gegner bewusst missverstand, sei dahingestellt. Jedenfalls erschien ihm Melanchthons rational argumentierende Darlegung theologisch illegitim. Vor allem jedoch bildete für ihn die Redeweise Luthers, des „Doktors der Doktoren der Theologie", den entscheidenden Maßstab.[148] Umgekehrt stichelte aber auch Cruciger, wenngleich sehr vorsichtig, gegen Luther: Er argumentiere undifferenziert und neige zu der falschen Auffassung Augustins, wonach nicht allein der Glaube rechtfertige, sondern erst der Glaube, der gute Werke tut.[149] Jetzt war Luther verärgert.

Als Melanchthon unterwegs von den Angriffen auf seine theologische Position erfuhr, wandte er sich in einem offiziellen Schreiben an die Theologische Fakultät.[150] Nie habe er eine andere Meinung als sie vertreten. Seine gesamte theologische Arbeit ziele bekanntlich darauf, das „sola fide" der Rechtfertigung darzulegen und zu begründen. Wer unbefangen urteile, könne die Fülle dieser Bemühungen in seinen Publikationen unmöglich übersehen! Wenn die Fakultät jedoch anderer Meinung sei, werde er nicht nach Wittenberg zurückkehren, sondern ohne Groll die Stadt und die Universität verlassen.

Aus dem Angeklagten wurde mit diesem Schreiben ein souveräner Ankläger. Die Vorwürfe der Gegner schrumpften zu kurzsichtigen, die eigentlichen Probleme aus den Augen verlierenden Invektiven. Aber Melanchthon ging noch einen Schritt weiter. Er wünschte eine Diskussion mit Luther über die aufgeworfenen Fragen und hielt dann dessen Antworten schriftlich fest.[151] Die zunächst von Melanchthon gewünschte Versicherung, dass sie beide sowohl im Blick auf die Intention als auch die Gestalt der Rechtfertigungslehre übereinstimmten, gab Luther bereitwillig ab. Trotzdem wollte er nicht so scharf wie Melanchthon den Glauben von den Werken trennen: Beides gehörte zusammen – obwohl natürlich allein der Glaube rechtfertige. Bei dieser logischen Unschärfe wollte Luther stehen bleiben. So verstand er Augustin und auch Paulus: „Die Werke des Paulus gefallen [Gott] nicht, weil sie gut sind, sondern weil Paulus, der gefällt, sie tut; sie würden nicht gefallen, gefiele Paulus nicht."

Die von Cordatus und Cruciger repräsentierte Alternative – entweder Luther oder Melanchthon – besaß exemplarischen Charakter. Hier wurde aufgelöst, was nach dem Willen und der Überzeugung beider zusammen existieren konnte und auch sollte. Natürlich sah Luther, dass Melanchthon nicht nur anders argumentierte, sondern auch andere theologische Akzente setzte. Und er war keineswegs der Mann, der darüber aus Freundschaft gutmütig hinwegsah! Doch Luther war in der Lage, einen Spielraum unterschiedlicher Interpretationen zu akzeptieren, solange er die theologisch richtige Zielsetzung gewahrt sah. Diese Fähigkeit hatte Luther gegenüber Bucer und den Oberdeutschen in der Wittenberger Konkordie an den Tag gelegt. Ganz selbstverständlich verhielt sich Luther nun ebenso gegenüber Melanchthon.

In dieser Zeit wurde in Deutschland die von Papst Paul III. am 2. Juni 1536 ausgefertigte Einladung zum Konzil bekannt, das am 23. Mai 1537 in Mantua eröffnet werden sollte. Die Protestanten waren uneins, wie sie sich verhalten sollten. Einerseits schien hier ihrer wiederholten Forderung eines allgemeinen christlichen Konzils entsprochen; andererseits konnte man es kein freies Konzil nennen, zumal der Papst die Ausrottung der Ketzerei als die Hauptaufgabe der Zusammenkunft bezeichnet hatte. In den Zusammenhang der nun überall unter den Protestanten verfassten Gutachten gehörten auch die Schmalkaldischen Artikel Luthers.[152]

Der sächsische Kurfürst Johann Friedrich forderte im Juli und noch einmal im August desselben Jahres von seinen Theologen Stellungnahmen, ob es sinnvoll sei, nach Mantua zu reisen. Am 11. Dezember wandte er sich dann an Luther und beauftragte ihn, eine umfassende Darstellung der lutherischen Lehre zu verfassen, zusammen mit Erklärungen, an welchen Punkten man nachgeben könne und wo auf keinen Fall. Der Text wurde Ende Dezember von acht Theologen, zu denen außer Melanchthon u. a. Bugenhagen, Cruciger, Jonas, Amsdorf und Agricola gehörten, in Wittenberg intensiv beraten. Neben verschiedenen Erweiterungswünschen standen Auseinandersetzungen über den Wunsch Melanchthons, zurückhaltender über den Papst zu reden. Beiden Einwänden wurde nicht entsprochen. Melanchthon fügte deshalb seiner Unterschrift unter die Artikel hinzu, dass auch er ihnen zustimme. Was jedoch den Papst anbelange, meine er, „man könne ihm, falls er das Evangelium zulasse, um des Friedens und der allgemeinen Beruhigung willen, auch von unserer Seite die Oberhoheit zugestehen, die er über die Bischöfe nach menschlichem Recht bei denjenigen Christen hat, die ihm jetzt unterstehen und in Zukunft unterstehen werden".[153]

Der Kurfürst war über diesen Zusatz erbost, weil er diese Artikel auf dem Bundestag der Schmalkaldener im Februar 1537 von allen anwesenden Theologen als verbindliche Lehraussage hatte unterschreiben lassen wollen. Der erneute Versuch, ein gemeinsames protestantisches Bekenntnis zu schaffen, misslang also abermals. Das lag weniger an Melanchthons Votum als an der allerdings auch von ihm geteilten Überzeugung, dass man es beim Augsburger Bekenntnis und der Wittenberger Konkordie belassen solle. Neue Artikel brächten nur die Gefahr neuer theologischer Streitigkeiten, urteilten wiederum Philipp von Hessen, Jakob Sturm sowie Bucer. Luther war krank und konnte deshalb nicht an den Verhandlungen teilnehmen. Deshalb entfiel auch die Möglichkeit, seine Autorität für diese Artikel ins Spiel zu bringen. Immerhin unterschrieben aufgrund des Werbens Bugenhagens am 24. Februar eine Reihe von Theologen die Schmalkaldischen Artikel.

Auf derselben Tagung drängte der sächsische Kanzler Brück darauf, das in Augsburg nicht behandelte Thema der Stellung der Protestanten zum Papst aufzugreifen. Der mit einer Stellungnahme zum Thema beauftragte theologische Ausschuss delegierte die Aufgabe, kaum zufällig, am 12. Februar an Melanchthon. Bereits fünf Tage später, also am 17. Februar, lag dessen Traktat „Von der Gewalt und Obrigkeit des Papstes" (De potestate et primatu papae tractatus) vor.[154] Klar und pointiert wies Melanchthon die Behauptung zurück, dass der Papst nach göttlichem Recht die Oberhoheit über die Kirche beanspruchen dürfe. Seine herausgehobene Stellung bilde vielmehr das Ergebnis einer bestimmten historischen Entwicklung. Wenn man von einem göttlichen Recht reden wolle, besitze es die Kirche, die es durch die Ordination ihren Predigern mitteile. Der Traktat wurde noch in Schmalkalden von den anwesenden Theologen unterzeichnet und zusammen mit dem Augsburger Bekenntnis sowie der Apologie in den Rang einer Bekenntnisschrift erhoben.

Welches Gewicht besaßen im Ringen um die Einheit der Kirche die ersten Jahrhunderte und die Schriften der Kirchenväter? Melanchthon setzte sich mit dieser Frage 1539 in der Schrift „Über die Kirche und die Autorität des Wortes Gottes" (De ecclesia et de autoritate verbi Dei) ausführlich auseinander.[155] Er bezeichnete die Tradition als ambivalent, sie musste auf jeden Fall anhand der biblisch bezeugten wahren Lehre der Kirche kritisch überprüft werden. Melanchthon durchmusterte nun die Aussagen der wichtigsten Kirchenväter. Das Ergebnis war eindeutig: Die Reformation stand in der Tradition der echten christlichen Lehre, sie repräsentierte also die wahre Kirche. „Und daher nehme ich durch Gottes Wohltat unsere Kirchen als solche wahr, welche die reine Lehre des Evangeliums bekennen, die ganz zweifellos mit der Auffassung der Katholischen Kirche Christi übereinstimmt."

Melanchthon wirkte auch in dieser Zeit nicht nur für den Schmalkaldischen Bund. Aus vielen Territorien erreichten ihn Bitten um die Mitwirkung an kirchlichen Reformen, meist verbunden mit persönlichen Einladungen. Exemplarisch genannt seien das Herzogtum Sachsen, das Kurfürstentum Brandenburg oder das Königreich Polen. Auch deshalb wuchs Melanchthons Einfluss zunehmend. Das lag zudem, wie schon erwähnt, an der weiten Verbreitung seiner Kommentare, Denkschriften und Lehrbücher. Auch seine Schüler, die auf vielen theologischen Lehrstühlen saßen und die noch mehr Kanzeln sowie Schulleiterstellen inne hatten, trugen zur Verbreiterung des Einflusses von Melanchthon bei. Seine pädagogischen Aktivitäten insgesamt untermauerten die Autorität des „Praeceptors". Er gründete oder reorganisierte Lateinschulen, entwarf oder korrigierte Lehrpläne. Sicherlich interessierte Melanchthon in erster Linie die Heranbildung von Theologen und Lehrern. Doch er betonte, dass es nicht allein um sie ging, sondern um Menschen in sämtlichen Positionen, entsprechend ihren intellektuellen Fähigkeiten. Deshalb trat er auch für die Gründung bzw. die Verbesserung deutscher Schulen ein, die Jungen, aber auch Mädchen besuchen sollten. An der Neuordnung der Fakultät der Artisten, d. h. der Philosophischen Fakultät, sowie der Theologischen in Wittenberg wirkte Melanchthon 1536 und 1540 entscheidend mit. Nach diesem Vorbild kam es 1534 und 1536 zu Reformen an der Universität Tübingen. 1540 folgten Frankfurt an der Oder und Leipzig, 1557 Heidelberg. Wesentlich von ihm waren Neugründungen geprägt: Königsberg 1542, Jena 1548. Nur indirekt beeinflusste Melanchthon allerdings die 1527 geschaffene erste protestantische Universität Marburg an der Lahn. Nicht zuletzt aufgrund solcher Leistungen nannte man Melanchthon, wie berichtet, „Praeceptor Germaniae", den Lehrmeister des protestantischen Deutschland.

Religionsgespräche

Melanchthon befand sich im Gefolge des sächsischen Kurfürsten, der Anfang 1539 zum Fürstentag nach Frankfurt am Main reiste. Es ging um die Verlängerung der Nürnberger Übereinkunft, also die Unterstützung des Kaisers durch die Protestanten gegen die Türken sowie die fortgesetzte Tolerierung des religiösen Zwiespalts. Der „Frankfurter Anstand", den die Parteien nach wochenlangen Verhandlungen am 19. April 1539 unterzeichneten, bot den Anhängern des Augsburger Bekenntnisses zeitlich begrenzten Schutz bis zu einem Religionsgespräch, das in Kürze in Speyer stattfinden sollte. Melanchthon hatte mit diesen politischen Vorgängen wenig zu tun. Er nutzte die Zeit zu Gesprächen, u. a. mit Calvin, der zur Straßburger Delegation gehörte. Beide Männer waren sich sogleich sympathisch und verstanden sich auch in theologischen Fragen gut, nicht zuletzt im Blick auf die Interpretation des Abendmahls.

Die Mitglieder des Schmalkaldischen Bundes trafen sich am 1. März 1540, um das Religionsgespräch vorzubereiten. Die Wittenberger legten dazu ein großes Gutachten Melanchthons vor.[156] Sehr selbstbewusst erläuterten sie, in welchen Punkten man nachgeben könne und in welchen nicht. Drei Bereiche unterschied das Dokument. Zunächst: Hinsichtlich der Lehre gebe es keine Kompromisse. Die Gegenseite müsse sich vielmehr den Überzeugungen der Protestanten zuwenden. Es mache auch keinen Sinn, neue Lehrsätze zu formulieren, denn in der CA und ihrer Apologie sei bereits alles ausführlich und klar gesagt. Von irgendeiner Anerkennung des Papstes wollte man nun ebenfalls nichts mehr wissen.

Aber auch im zweiten Bereich, im Blick auf die Reformen der äußeren kirchlichen Verhältnisse – wie z. B. der Zulassung des Kelches für die Laien beim Abendmahl, die Abschaffung des Messkanons und der Stillen Messen, der Prozessionen, Reliquienverehrung, des Zölibats oder der Klostergelübde – könne nichts zurückgenommen werden. Verhandelbar sei allein, was zum dritten Bereich gehöre, nämlich Fest- und Feiertage, liturgische Gesänge, die private Absolution oder das Fasten.

Dieses Gutachten trug die Unterschrift vieler Theologen, auch von Luther (der nicht anwesend war), Amsdorf und Bucer. Ebenso verfuhr man mit zwei in Schmalkalden verfassten Stellungnahmen Melanchthons über die Nutzung der Kirchengüter sowie die Verurteilung der Täufer und Spiritualisten, d. h. von Sebastian Franck und Kaspar von Schwenckfeld.

Weil in Speyer die Pest wütete, wurde das Religionsgespräch nach Hagenau verlegt. Vorher jedoch nahm Melanchthon am 5. März 1540 zusammen mit Bucer an der Trauung der Nebenehe Philipps von Hessen mit Margarete von der Sale teil. Mit Luther hatten sie, wenn auch schweren Herzens, diesem Plan des Hessen zugestimmt. Politische und seelsorgerliche Überlegungen griffen dabei ineinander. War es nicht moralischer, wenn der Fürst seine Geliebte ehelichte, statt mit ihr im Konkubinat zu leben? War es zu verantworten, dass Philipp, die fähigste Persönlichkeit im Schmalkaldischen Bund, diesen verließ oder gar in das andere Lager wechselte? Andererseits stand auf Bigamie die Todesstrafe. Und wie glaubwürdig war das laute Drängen und intensive Mühen der Reformatoren um Sittlichkeit, frommes Leben und die Besserung der Gesellschaft überhaupt, wenn man gleichzeitig dem Fürsten die Doppelehe gestattete?

Luther wie auch Melanchthon hatten zwar verlangt, dass dieser Schritt geheim gehalten werden müsste, dass also nur die Betroffenen wissen dürften, dass sie vor Gott nicht in Ehebruch und Unzucht lebten. Dieser Vorbehalt interessierte allerdings den Landgrafen nicht und noch weniger Margarete und ihre Verwandtschaft.

Melanchthon war eingeweiht gewesen, hatte auch zugestimmt. Nun machte er sich schwere Vorwürfe. Die Uneinigkeit im eigenen Lager, die gewachsenen Schwierigkeiten bei der Ausbreitung der Reformation, schließlich der geringe Aufschwung der öffentlichen Moral und persönlichen Frömmigkeit durch die reformatorische Predigt: Alles das begriff er nun als seine Schuld. Auf der Reise nach Hagenau erlitt Melanchthon am 12. Juni in Weimar einen schweren körperlichen und seelischen Zusammenbruch. Sein Tod schien nah, er wollte auch sterben. Verwandte und Freunde eilten herbei, darunter Luther. Er bedrängte den Freund, sich nicht der Schwermut und Verzweiflung hinzugeben. Man brauchte ihn doch so nötig! Nur langsam kam Melanchthon wieder zu Kräften.

Am Tag von Melanchthons Zusammenbruch eröffnete Ferdinand die Tagung in Hagenau. Man kam jedoch nicht voran, sondern verbiss sich in Verfahrensfragen. Da sich keine Einigung erreichen ließ, verlegte Ferdinand das Gespräch zum 28. Juli nach Worms. Dort sollte, möglichst in Gegenwart des Kaisers, offen und frei über die Religionsfrage diskutiert werden. Optimisten meinten sogar, dort werde ein deutsches Nationalkonzil zustande kommen.

Viele hochgestellte Persönlichkeiten und angesehene Theologen aus dem In- und Ausland, darunter wieder Calvin, versammelten sich im Laufe des Oktobers in Worms. Ende November traf der kaiserliche Beauftragte Nikolaus Granvella ein und eröffnete den Konvent. Die Protestanten forderten den Beginn der Gespräche auf der Grundlage von Melanchthons neuer Bearbeitung des Augsburger

Bekenntnisses (Confessio Augustana variata), die sie am 28. November 1540 offiziell vorlegten.[157] Neben Erweiterungen zur Sündenlehre, zu Buße und Rechtfertigung war vor allem der Artikel über das Abendmahl im Sinn der bereits in der Apologie angedeuteten Veränderung formuliert: Christus wurde mit Brot und Wein den Kommunizierenden gegeben. Weder Luther noch der Kurfürst hatten an dieser Neufassung Kritik geübt. Der Vorgang belegt deutlich, wie weit hier noch das Verständnis des Bekenntnisses gefasst war. Was sich am Nebeneinander der theologischen Auffassungen von Luther und Melanchthon konstatieren ließ, kehrte hier wieder: Melanchthon integrierte die Überzeugungen der Oberdeutschen, ohne darum die Abgrenzung von den Altgläubigen zu verschärfen. Das Bekenntnis bedeutete den öffentlichen theologischen und politischen Zusammenschluss derjenigen, die in einer konkreten Situation für das als wahr erkannte Evangelium eintraten.

Während die Protestanten also auf die versprochenen theologischen Auseinandersetzungen drängten, tat die Gegenseite unter der Führung Granvellas alles, um sie zu verhindern. Hier konnte man nämlich nicht daran interessiert sein, die Uneinigkeit im eigenen Lager öffentlich vorzuführen. Kurbrandenburg und die Pfalz neigten zum Protestantismus, die Position des langjährigen theologischen Widersachers Johannes Eck erschien nicht länger mehrheitsfähig. In einer Atmosphäre voller Argwohn, aufgeladen durch allerlei politische Winkelzüge und diplomatische Finessen, erreichte Granvella schließlich, dass jede Partei einen theologischen Wortführer benannte. Es waren, wie zu erwarten, Melanchthon und Eck. Sie disputierten bis zum 17. Januar 1541 ausführlich und umständlich über das Verständnis der Sünde und Erbsünde. Ihre schließlich erzielte Einigung wurde schriftlich festgehalten. Am folgenden Tag löste Granvella das Religionsgespräch im Namen des Kaisers auf und verkündete die Fortsetzung der Gespräche auf dem nächsten Reichstag, im Frühjahr 1541 in Regensburg.

Der Politiker hatte nämlich in der Zwischenzeit erreicht, worum es dem Kaiser ging: einen Text zu besitzen, dem wenigstens einige Politiker und angesehene Theologen beider Seiten zustimmten. Bei diesem „Regensburger Buch" – wie es dann aufgrund seiner Vorlage auf dem folgenden Reichstag hieß – handelte es sich um eine Gemeinschaftsarbeit von Martin Bucer und Johannes Gropper. Sie formulierten es streng geheim vom 15. bis zum 31. Dezember 1540. Die Einzelheiten der Entstehung des Werkes wie auch der hierin entfalteten theologischen Konzeption müssen uns jetzt nicht beschäftigen. Die beiden Theologen kamen jedenfalls einander bewusst weit entgegen. Gleichzeitig verbanden sie allerdings, wie sich dann zeigen sollte, mit den von ihnen verwendeten Wendungen und Begriffen nicht dasselbe.

Melanchthon protestierte entschieden gegen diesen Text. Die Abkehr von den Verhandlungen über die CA erschien ihm als ein schwerer Fehler. Er erhielt in Wittenberg vom brandenburgischen Kurfürsten Joachim II. vertraulich ein Exemplar des Buches. Natürlich lehnte es auch Luther ab. Die Stimmung am sächsischen Hof formulierte der Kurfürst: „Wer sich vergleichen will, der vergleiche sich mit Gott und seinem Wort und nehme das und diese Lehre an."[158]

Auf der Reise zum Regensburger Reichstag stürzte Melanchthons Wagen am 20. März um, und er verletzte sich an seiner rechten Hand. Die Mediziner wussten nicht, ob ein Bruch vorlag. Melanchthons Handschrift wirkte seitdem noch weniger flüssig, weil er ohnehin – wie im Griechischen – die einzelnen Buchstaben unverbunden nebeneinander zu setzen pflegte. Dass er zunächst nicht oder nur unter Schmerzen schreiben konnte, belastete ihn erheblich.

In den Monaten Februar und März kamen die Reichsstände und ihre Vertreter in Regensburg an, am 23. März Kaiser Karl V. Als die entscheidende religiöse und politische Gestalt unter den Altgläubigen erwies sich sogleich Kardinal Gasparo Contarini, der päpstliche Legat. Er hatte in jungen Jahren religiöse Anfechtungen wie Luther erlebt, sich jedoch bewusst der mittelalterlichen Theologie und Frömmigkeit zugewandt. Daher wusste Contarini besser als viele altgläubigen Theologen um die religiösen Wurzeln der Reformation Bescheid.

Wenige Tage nach der Eröffnung des Reichstags informierte der Kaiser die Stände, dass er beabsichtige, die Religionsfrage in einem kleinen Kreis von Theologen behandeln zu lassen. Als Teilnehmer nominierte er am 21. April Eck, Gropper sowie den Domherrn Julius von Pflug auf der einen, Melanchthon, Bucer sowie den hessischen Theologen Johannes Pistorius auf der anderen Seite. Hinzu kamen zwei Präsidenten und jeweils sechs Beisitzer. Alle waren als Anhänger einer friedlichen Lösung bekannt. Das kam auch darin zum Ausdruck, dass Eck und Melanchthon sich schließlich bereit fanden, das von altgläubigen Theologen und Contarini überarbeitete „Regensburger Buch" als Gesprächsgrundlage zu akzeptieren. Melanchthon erkannte sogleich, worum es sich bei dem Konvolut handelte, das ihnen versiegelt und ohne Titelblatt vorgelegt wurde.

Die Einigung über die ersten Artikel, also von der Trinität bis zum Thema der Erbsünde gelang relativ leicht. Schwieriger verliefen die Verhandlungen über die Rechtfertigungslehre. Eck und Melanchthon gerieten hart aneinander, doch schließlich glückte am 2. Mai die Formulierung eines Textes, der das „sola fide" ebenso umfasste wie die wesentliche Bedeutung der Werke des Gerechtfertigten. Die Freude war groß.

Doch die Ernüchterung stellte sich bereits am nächsten Tag bei den Verhandlungen über die Kirche ein. Unversöhnlich prallten die Überzeugungen aufeinander, als es um die Bestimmung der entscheidenden Autorität ging: Bibel oder kirchliches Lehramt. Man kam nur dadurch voran, dass die Protestanten ihre abweichende Auffassung zu Protokoll gaben. Der endgültige Bruch ereignete sich am 5. Mai, bei der Behandlung von Messe und Abendmahl. Contarini hatte das Wort „Transsubstantiation" eingefügt, mithin den Bezug auf die vom 4. Laterankonzil 1215 formulierte Lehre, wonach Brot und Wein beim Vollzug der Messe in die Substanzen des Leibes und Blutes Christi verwandelt werden. Der päpstliche Legat verteidigte kompromisslos das römisch-katholische Dogma, auch innerhalb des eigenen Lagers. Das bedeutete faktisch das Scheitern der Gespräche. Denn dieser Auffassung konnten die Protestanten niemals zustimmen: Für sie wurde mit der Transsubstantiation Christus zu einem Objekt gemacht, über das die Kirche verfügte.

Man diskutierte weiter. Doch an die Stelle des offenen Gesprächs trat die Darlegung der gegensätzlichen Positionen. Gegenüber Philipp von Hessen tadelte der Kaiser am 17. Mai das Verhalten der Protestanten und insbesondere Melanchthons. Der erklärte daraufhin seine Bereitschaft zum Rücktritt. Doch dazu kam es nicht.[159] Am 31. Mai legten die Protestanten neun Gegenartikel vor, an deren Abfassung Melanchthon entscheidend mitgewirkt hatte. Der Kaiser und Granvella bemühten sich trotzdem um eine Übereinkunft. Am 8. Juni erhielten die Reichsstände Abschriften des „Regensburger Buches" mitsamt den protestantischen Gegenartikeln. Doch inzwischen hatten sowohl die Kurie als auch Luther die Vereinbarung über die Rechtfertigungslehre verworfen. Die

Altgläubigen erklärten nun, sie wünschten eine klarere katholische Fassung der Vorlage, die Protestanten setzten dagegen, sie würden alle Lehrartikel, also auch die bereits verglichenen, erneut anhand der CA sowie der Apologie überprüfen. Melanchthon legte am 12. Juli schließlich ein „Bedenken von der Reformation der Kirchen" vor, in dem er nachdrücklich für mehr und bessere christliche Unterweisung auf sämtlichen Ebenen eintrat.[160]

Der Reichstagsabschied am 29. Juli 1541 war dementsprechend wenig freundlich. Die geistlichen Prälaten erhielten die Aufforderung, in ihren Gebieten Reformen durchzuführen. Den Protestanten wurde reichsrechtlicher Schutz für weitere 18 Monate zugestanden. Karl V. versprach ihnen mündlich, sich um ein Nationalkonzil zu bemühen. Andernfalls wollte man die Religionsfrage auf dem nächsten Reichstag weiter behandeln. Doch wer mochte glauben, dass sich auf diesem Weg noch eine Übereinkunft erzielen ließ? Inwieweit Karl V. jetzt bereits an einen Krieg gegen die Protestanten dachte, sei dahingestellt. Eindeutig ging er jedoch daran, den Schmalkaldischen Bund zu schwächen. Er billigte die neue Kirchenordnung des brandenburgischen Kurfürsten Joachim II., der dafür zusagte, dem Bund nicht beizutreten. Philipp von Hessen versprach, die Aufnahme des Herzogs von Kleve in den Bund zu verhindern, ebenso eine Allianz mit Frankreich, und schließlich für habsburgische Gebietsansprüche auf Geldern und Zütphen einzutreten. Zum Ausgleich dafür musste Philipp nicht länger um rechtliche Folgen für seine Doppelehe fürchten.

Melanchthon litt unter den Spannungen und der Uneinigkeit im eigenen Lager. Dass der sächsische Kurfürst ihn vor allem gegenüber altgläubigen Besuchern abschirmte, begriff er als unverdientes Misstrauen und eine halbe Gefangenschaft. Hart tadelte er das Verhalten der Politiker. Und unter den Altgläubigen hatten sich nach seiner Überzeugung diejenigen durchgesetzt, die mit List und Tücke die Verständigung zu verhindern suchten.

Aber auch unter den Protestanten herrschten Gereiztheit, Zwietracht, Streit. Nur mit Mühe gelang es z. B. 1542, einen Krieg zwischen den beiden Sachsen zu verhindern. Doch in der gleichen Zeit sah es so aus, als könne mit Hermann von Wied das Erzbistum Köln für die Reformation gewonnen werden. Bucer mühte sich darum seit Anfang des Jahres 1542. Am 5. Mai 1543 traf Melanchthon zu seiner Unterstützung in Bonn ein. Zusammen schrieben sie eine „Christliche und wahre Verantwortung" gegen die Unterstellungen und Verleumdungen, die man in Köln gegen sie erhob. Melanchthon verfasste außerdem noch eine lateinische Verteidigungsschrift.[161] Doch vor allem arbeiteten beide Theologen im Auftrag Hermanns von Wied am Entwurf einer neuen Kirchenordnung, die Anfang Juli vorlag.[162] Melanchthon schrieb die Abschnitte über Trinität, Schöpfung und Erbsünde. Inwieweit er sonst mitwirkte, lässt sich nicht mit Sicherheit sagen. In derselben Zeit begann er eine gründliche Neubearbeitung der Loci aufgrund der Erfahrungen, die er in den Religionsgesprächen gemacht hatte.

In Köln erlebte Melanchthon nun aus unmittelbarer Nähe die Veräußerlichung des kirchlichen Lebens, den Aberglauben und die grenzenlose religiöse Unwissenheit der Bevölkerung. Er war entsetzt. In seiner Wohnung in Bonn am alten Hafen quälten ihn außerdem die Gerüche. Die Menschen des 16. Jahrhunderts waren in dieser Hinsicht keineswegs besonders empfindlich. Es muss also im alten Bonn bestialisch gestunken haben. Zurück in Wittenberg verstörte Melanchthon Luthers wütender Ausfall am 4. August gegen das „Einfältige Bedenken" und Bucer: Es ist „alles zu lang und großes Gewäsch, bei dem ich das Klappermaul, den Bucer, hier wohl spüre"![163] Melanchthon sollte dem Straßburger Luthers Zorn mitteilen. Dazu kam es dann doch nicht.

Im selben Monat August vernichtete das Heer Karls V. die Festung Düren und diktierte am 7. September 1543 dem Herzog von Kleve die Friedensbedingungen: Geldern und Zütphen fielen an den Kaiser. Die kirchlichen Neuerungen mussten rückgängig gemacht werden. An die Stelle des Bündnisses mit Franz I. trat ein solches mit Karl V. Die Bedeutung dieses Ereignisses lässt sich kaum überschätzen. Es hatte sich gezeigt, dass der Kaiser stark genug war, religiöse und politische Veränderungen, die seine Machtstellung bedrohten, gewaltsam niederzuwerfen. Und das bedeutete umgekehrt: Die Protestanten hatten ihre innere Zerrissenheit und politische Unfähigkeit offen demonstriert und dadurch Karl V. gezeigt, wie leicht sie zu überwältigen wären.

7. Schmalkaldischer Krieg und Interim

Bedrohliche Entwicklungen

Auf dem Reichstag in Speyer sollte 1544 weiter über die Religionsfrage verhandelt werden. Das Treffen wurde dann auf das folgende
Jahr in Worms verlegt, und Melanchthon erhielt den Auftrag, noch
einmal die kursächsische Position darzulegen. Das geschah in dem
später als „Wittenberger Reformation" bezeichneten Gutachten.[164]
Fünf Gesichtspunkte stellte Melanchthon heraus: Zuerst und vor
allem müsse die reine Lehre klar und deutlich verkündet werden.
Dazu gehörte die richtige Verwaltung der Sakramente sowie die
Anerkennung und Würdigung des Predigtamtes. An vierter Stelle
nannte er die Kirchenzucht, die geistliche Gerichte wahrzunehmen
hätten. Schließlich unterstrich Melanchthon einmal mehr die Notwendigkeit der offiziellen Fürsorge für Schulen und Universitäten
sowie die Verantwortung der Obrigkeiten für die Kirche insgesamt.
Das Dokument fand die Zustimmung der Theologen und Politiker.
Allerdings vermisste nicht nur Bucer die in der gegenwärtigen Situation geforderte Schärfe gegenüber den Altgläubigen.

Am 13. Dezember 1545 wurde das Konzil in Trient in Südtirol,
im südlichsten Zipfel des Deutschen Reiches eröffnet. Es handelte
sich nun eindeutig um eine Kirchenversammlung der Anhänger des
Papstes. Von den Protestanten war niemand erschienen. Nach an-

fänglichen Schwierigkeiten dogmatisierte das Konzil in rascher Folge viele der umstrittenen Fragen der Lehre im römisch-katholischen Sinn: zunächst das Verhältnis von Bibel und kirchlicher Tradition, im Juni das Verständnis der Erbsünde. Im Januar 1547 erfolgte die Festlegung der Rechtfertigungslehre, Anfang März die Entscheidung über die Sakramente, sieben an der Zahl. Am 11. März verlegte der Papst das Konzil in den Kirchenstaat, nach Bologna. Die politische Zielsetzung dieses Vorgehens lag auf der Hand: Karl V. sollten gegenüber den Protestanten die Hände gebunden sein. Über religiöse und theologische Fragen hatte nicht der Kaiser zu entscheiden, sondern allein der Papst.

Insofern hing die Forderung Karls V. an die Protestanten in der Luft, sich dem Konzil zu unterwerfen. Auch Melanchthon begründete 1546 ausführlich, „Warum die Stände, die sich der Augsburgischen Konfession angeschlossen haben, an ihrer Lehre festhalten und das Trienter Konzil weder besuchen noch anerkennen können".[165] Er erläuterte die religiösen, theologischen und kirchenpolitischen Ursachen der Reformation und erklärte im Blick auf die Gegenwart: „Wir haben keine Freude an Uneinigkeit. Wir wissen auch, welche Gefahren und andere Lasten wir tragen. Gleichwohl können wir nicht zugeben, dass die göttliche Lehre, die für die Kirche so nötig ist, vertilgt werden soll. Auch wollen wir uns und unsere Nachkommen nicht an Unschuldigen schuldig machen."

Ein weiteres Religionsgespräch fand 1546 in Regensburg statt. Nur wenige Protestanten kamen. Kaum jemand akzeptierte jetzt noch Bucers Auffassung, dass man den Altgläubigen das Feld nicht freiwillig überlassen dürfe. Echte Gespräche fanden auch nicht mehr statt. Dass der Kaiser nur noch zum Schein verhandelte, war allen Einsichtigen klar; ebenso, dass ein Krieg Karls V. gegen den Schmalkaldischen Bund bevorstand. Doch gleichzeitig feierte man Feste und königliche Hochzeiten. Dabei lag über allem ein Schleier des Unwirklichen und auch Unheimlichen.

Jetzt entstand eine breite und vielgestaltige Literatur über das Recht des militärischen Widerstands gegen den Kaiser. Melanchthon und die Wittenberger Theologen votierten im Frühsommer 1546 ausdrücklich dafür.[166] „Denn wenn es gewiss ist, dass der Kaiser diese Stände wegen der Religion [mit Krieg] überziehen will, alsdann ist kein Zweifel, dass diese Stände recht tun, wenn sie sich und die Ihren ernstlich mit Gottes Hilfe schützen […]; und ist eine solche Gegenwehr nichts Anderes, als wenn man einem Haufen Mörder wehren müsse, er werde angeführt vom Kaiser oder anderen." Texte Luthers wurden mit aktualisierenden Vorworten ediert, die Wogen der Erregung gingen hoch. Melanchthon drängte dagegen auf eine möglichst sachliche Argumentation. Kennzeichnend dafür war seine Bearbeitung des im Januar 1547 erschienenen Traktats „Von der Notwehr Unterricht" von Justus Menius.[167] Während dieser die Lage in Anlehnung an Luther apokalyptisch deutete und leidenschaftliche Angriffe gegen den Papst als Antichrist, Wehrwolf und blutrünstigen Satansdiener vortrug, strich Melanchthon in der im März 1547 unter demselben Titel veröffentlichten Broschüre diese Ausfälle und begründete den Widerstand der Protestanten mit dem Naturrecht.

In dieser Situation erreichte Melanchthon am Morgen des 19. Februars 1546 in Wittenberg, auf dem Weg zur Vorlesung, die Nachricht von Luthers Tod am Tag zuvor in Eisleben. Melanchthon schilderte nun den Studenten die letzten Stunden des Reformators und fuhr fort: „Ach, dahin ist der ‚Wagen Israel und sein Reiter', der die Kirche lenkte in diesem letzten Alter der Welt! Denn nicht durch menschliche Weisheit ist die Lehre von der Vergebung der Sünden und vom Vertrauen in den Sohn Gottes erfasst, sondern von Gott durch diesen Mann erschlossen worden, der offensichtlich von Gott berufen war. Wir wollen das Andenken an diesen Mann und an die von ihm auf uns gekommene Lehre lieben. Seien wir bescheiden, und lasst uns an die großen Schwierigkeiten und Umwälzungen denken, die diesem Unglück folgen werden. Dich, Sohn Gottes, für uns gekreuzigt und auferweckt, Emmanuel, Dich bitte ich, dass Du Deine Kirche leitest, bewahrst und verteidigst. Amen."[168]

Am 22. Februar fand die Beisetzung Luthers in der Schlosskirche statt. Bugenhagen predigte, Melanchthon hielt die akademische Trauerrede. Er rückte den Reformator in die Reihe der von Gott gesandten Lehrer, pries seine theologischen und kirchlichen Leistungen, verschwieg aber auch nicht seine Grobheit und Schärfe. Der rhetorischen Form der Trauerrede entsprechend mündeten die Ausführungen im Zuspruch von Trost und Aufmunterungen. Melanchthon mochte ahnen, wie sehr er selbst fortan beides benötigte.

Der Krieg

Am 20. Juli 1546 verkündete Karl V. von Regensburg aus die Reichsacht gegen den sächsischen Kurfürsten Johann Friedrich sowie den hessischen Landgrafen Philipp wegen Landfriedensbruchs und Aufruhr gegen den Kaiser. Der so lange Unruhe und Angst erregende Krieg war da. Karl hatte ihn diplomatisch geschickt vorbereitet. Von der Einbeziehung des Herzogs von Kleve war bereits die Rede. Im Frieden von Crépy im September 1544 verpflichtete der Kaiser den Erzrivalen Franz I. von Frankreich, das Bündnis mit den Türken zu lösen, das päpstliche Konzil zu beschicken und bei der Rückführung der Protestanten zur alten Kirche behilflich zu sein. Gegen die Zusage der Schutzherrschaft über die reichen Stifte Magdeburg und Halberstadt versprach Moritz von Sachsen im Juni 1546 militärische Hilfe. Am 4. Juli brach das päpstliche Hilfskontingent nach Deutschland auf, reichlich versehen mit Ablassbriefen. Am gleichen Tag begann die Mobilmachung des Schmalkaldischen Bundes.

Der Bund erzielte überraschende Anfangserfolge, die er jedoch nicht zu nutzen verstand. Statt den päpstlichen Truppen die Pässe über die Alpen zu verlegen und nach Trient vorzustoßen, forderten die süddeutschen Städte die Konzentration der Truppen in ihrer Region. Kriegsentscheidend war jedoch der Einmarsch von Herzog Moritz in das Land seines Onkels am 30. Oktober. Moritz handelte als Vollstrecker der Reichsacht und erhielt dafür vom Kaiser die Würde des Kurfürsten von Sachsen mitsamt dem dazugehörigen Territorium. Um sein Land zu verteidigen, zog Johann Friedrich mit dem größten Teil des Heeres der Schmalkaldener im November nach Norden. Der verbleibende Rest der Truppen löste sich in den folgenden Wochen und Monaten weitgehend auf, so dass Karl V. im Frühjahr 1547 mühelos Süddeutschland erobern konnte. Eine Stadt nach der andern sagte sich vom Schmalkaldischen Bund los und unterwarf sich den harten Bedingungen des Kaisers.

Diesen Niederlagen folgte die endgültige, als die kaiserlichen Truppen am Morgen des 24. April 1547, ohne große Gegenwehr zu finden, bei Mühlberg die Elbe überquerten. Am Abend war der Kurfürst Gefangener des Kaisers, sein Heer auf der Lochauer Heide vernichtet. Philipp von Hessen unterwarf sich am 19. Juni. Karl V. ließ ihn ebenfalls verhaften.

Hinzu kamen für Melanchthon persönliche Nöte. Im März hatte er den Tod seiner geliebten Tochter Anna beklagen müssen. Mit nur 24 Jahren war sie, Mutter mehrerer Kinder, in Königsberg in Preußen gestorben. Die Ehe mit dem Humanisten Georg Sabinus hatte unter keinem glücklichen Stern gestanden. Melanchthon nahm die Enkel, drei Mädchen und einen Jungen, vorübergehend bei sich auf. Außerdem lebte in seinem Haus weiter der treue Famulus Johann Koch. Zusammen flohen sie nun, begleitet von Luthers Witwe, vor den heranrückenden kaiserlichen Truppen nach Zerbst. Hier bewies Melanchthon erneut, wie früher als Visitator, beträchtliche praktische Fähigkeiten. Er sorgte für Unterkunft und Nahrung seiner Leute, kümmerte sich um das Wohlergehen anderer Flüchtlinge, erteilte vernünftige Ratschläge, kluge Mahnungen und immer wieder Trost. Als er die Nachricht von der Niederlage bei Mühlberg erhielt, schrieb er am 26. April 1547 an einen Freund: „Vielfacher Schmerz drückt mein Gemüt. Es bekümmert mich tief, dass unser trefflicher, edler Fürst bei der Verteidigung der guten Sache in so großes Elend gefallen ist; die Lehre der Kirche wird nun geändert werden, die so schön in unserer Universität eingerichteten Studien werden untergehen, die Freunde Wohnort und Wohlstand verlieren, den Gegnern werden wir zum Gespött sein, und ich werde mit meiner Familie ins Exil getrieben."[169]

Als der Kaiser in Wittenberg einzog, fühlte sich Melanchthon in Zerbst nicht mehr sicher. Er floh weiter, nach Braunschweig, dann Nordhausen. Gleichzeitig begannen Verhandlungen über Melanchthons berufliche Zukunft. Johann Friedrich und dessen Söhne gingen davon aus, dass der berühmte Gelehrte an die von ihnen geplante Universität Jena kommen werde, um deren Ansehen zu fördern. Auch andere Universitäten im In- und Ausland bemühten sich um Melanchthon. Er lehnte alle Rufe ab, neigte emotional zu den ernestinischen Fürsten in Jena, legte sich jedoch nicht fest. Als der neue sächsische Kurfürst Moritz auf dem Landtag in Leipzig am 20. Juli versicherte, er werde beide Universitäten Leipzig und Wittenberg in seinen Territorien erhalten und „bei der katholischen christlichen Lehre des reinen Wortes Gottes" bleiben, lautete die für Melanchthon entscheidende Frage nur noch, wie seine Universität, die

„Leucorea", finanziell und organisatorisch wiederhergestellt werden könne. Als dieses Problem geregelt war, informierte Melanchthon Moritz, dass er in Wittenberg bleiben wolle.[170] Den Jenaern teilte er mit, dass die „Leucorea" nur durch seine Präsenz Bestand hätte und dass er sich hier gegen die Beschlüsse des Konzils von Trient äußern könne, ohne zu schaden. Dass er sich dadurch dem Vorwurf schäbigen Undanks aussetzte, eines moralisch höchst fragwürdigen Opportunismus und insgesamt der erbitterten Feindschaft der Ernestiner, erfasste Melanchthon kaum.

Das Interim

Inzwischen war am 1. September 1547 in Augsburg der „geharnischte Reichstag" eröffnet worden. Er stand ganz im Zeichen des siegreichen Kaisers, der nun daran ging, die politischen und religiösen Verhältnisse in Deutschland in seinem Sinn zu regeln. Die Lage in Europa kam dieser Zielsetzung entgegen: Heinrich VIII. war am 28. Januar 1547 gestorben, Franz I. am 31. März desselben Jahres. Im Juni gelang der Abschluss eines fünfjährigen Waffenstillstands mit Sultan Süleyman I., der freilich mit einem hohen jährlichen Tribut erkauft werden musste.

Neben der religiösen Frage ging es um eine Reichsreform, die die Position des Kaisers stärken sollte. Viel ließ sich hier allerdings nicht erreichen. Als noch komplizierter erwiesen sich naturgemäß die religiösen Probleme. Die Unterwerfung der Protestanten unter die Beschlüsse des Konzils von Trient ließ sich nicht durchführen. Karl V. plante daher, die Reichsstände zur Anerkennung eines Konzils zu bringen, das erneut in Trient zusammentreten und weiter verhandeln müsse. Bis dahin sollte im Reich eine Zwischenlösung (Interim) gelten, worin Elemente des alten und neuen Glaubens möglichst harmonisch miteinander zu verbinden wären.[171] Nach langwierigen Verhandlungen und Bearbeitungen, bei denen u. a. der gelehrte Humanist Bischof Julius von Pflug, sodann der Mainzer Weihbischof Michael Helding und als einziger Protestant der zum Hofprediger in Berlin aufgestiegene Johannes Agricola eine Rolle spielten, lag Ende Februar der Text vor: „Der Römisch-kaiserlichen Majestät Erklärung, wie es der Religion halben im heiligen Reich bis zum Austrag des allgemeinen Concilii gehalten werden soll".

Das Dokument behandelte in 26 Artikeln Fragen der Lehre sowie der kirchlichen Zeremonien. Die traditionellen römisch-katholischen Auffassungen dominierten, von der Ekklesiologie mit Einschluss des Papsttums aus göttlichem Recht bis zur Siebenzahl der Sakramente. Ausdrückliche Erwähnung fand die Darstellung der Messe als Opfer sowie ihre Wirksamkeit für das Heil der Verstorbenen. Der 26. Artikel fasste die Angaben über Zeremonien und kirchliche Bräuche zusammen, wozu u. a. Stundengebete, Fasten, Heiligenfeste, Segenshandlungen und Exorzismen zählten. In diesem Kontext standen die beiden Konzessionen an die Protestanten: Der Laienkelch und die Priesterehe sollten dort, wo sie existierten, bis zur Entscheidung des Konzils geduldet werden.

Die sorgfältig konzipierte Rechtfertigungslehre in den Artikeln 4 bis 6 stellte einen an Augustins Theologie angelehnten Entwurf dar: Gerechtfertigt werde der Mensch durch den Glauben, der sodann durch die ihm mitgeteilte Gabe des Heiligen Geistes wirkte und dadurch die wahre Rechtfertigung erlangte. Das Dokument vertrat also die Auffassung einer doppelten Rechtfertigung, zunächst durch den Glauben, dann durch die tätige Liebe. Beides gehörte zusammen, war jedoch logisch zu unterscheiden.

Es liegt auf der Hand, dass die Protestanten diesem „Interim" nicht zustimmen konnten: Für sie musste es bei der Rechtfertigung allein durch den Glauben bleiben. In Süddeutschland, d. h. im Herzogtum Württemberg sowie in den Reichsstädten, ließ der Kaiser es mit Gewalt exekutieren. Pfarrer, die sich widersetzten, verloren ihre Stellung. Brenz tauchte unter, Bucer floh nach England, Osiander ging aus Nürnberg nach Königsberg, andere wurden verhaftet und eingekerkert. Allein in Württemberg trafen diese Maßnahmen mehr als 300 Theologen. Viele gerieten mit ihren Familien in große wirtschaftliche Not, trotz der beträchtlichen Sympathien, welche die Bevölkerung für sie empfand.

Die Kurfürsten von Brandenburg und der Pfalz erhielten am 15. März 1548 einen Entwurf des Interims, um dafür unter den Protestanten zu werben. Auf diesem Weg lernte Melanchthon den Text kennen. Seinen ersten Eindruck teilte er am 31. März Georg von Komerstadt mit, einem der Räte des Kurfürsten Moritz: Vieles erinnere an das Regensburger Buch. Wie dort überwogen auch hier die Zweideutigkeiten. Melanchthon schloss: „Endlich will ich darum mein Gewissen mit diesem Buch nicht beladen. Denn wenn Regenten die Pfarrer drängen würden, sich danach buchstäblich zu richten, würden daraus eine große Verfolgung und viel Betrübnis und Ärgernis kommen, wodurch viele Leute so verletzt würden, dass sie dann von keiner Religion mehr etwas halten."[172]

Drei Wochen später äußerten sich die Wittenberger Theologen in einem Schreiben an Moritz in Augsburg im gleichen Sinn.[173] Dieser drängte jedoch, zusammen mit seinen Räten, die Theologen, Melanchthon voran, nicht so halsstarrig zu sein, sondern ihm vielmehr mitzuteilen, worin man dem Kaiser entgegenkommen könne. Dermaßen unter Druck gesetzt, schrieb Melanchthon am 28. April 1548 einen ausführlichen Brief an den kursächsischen Rat Christoph von Carlowitz: Er sei zur Loyalität und Zusammenarbeit mit dem Kurfürsten bereit, mühe sich um die Erhaltung des Friedens, akzeptiere deshalb die bischöfliche Verfassung, trete für das Ansehen des Papstes ein sowie die Geltung der überlieferten Zeremonien. Doch in Fragen der Lehre könne er nicht nachgeben.[174] Zum Beleg für seine Bereitschaft, auch das hinzunehmen, was er nicht unbedingt billigte, fügte Melanchthon hinzu: „Ich ertrug auch vordem eine fast entehrende Knechtschaft, weil Luther oft mehr seinem Temperament folgte, in welchem eine nicht geringe Streitsucht lag, als auf sein Ansehen und das Gemeinwohl zu achten." Obwohl es sich dabei nur um eine Bemerkung am Rande handelte, um das eigene Entgegenkommen zu unterstreichen, war diese Äußerung so töricht wie verhängnisvoll. Jener Satz blieb natürlich nicht geheim, sondern diente schnell dazu, Melanchthon als Gegner Luthers und Anhänger des Interims hinzustellen. Das war selbstverständlich falsch. Doch die Bemerkung befestigte die im eigenen Lager ohnehin bestehende Überzeugung, dass Melanchthon weder im Blick auf den Mut des Glaubens und Bekennens noch hinsichtlich der Verteidigung der reinen Lehre auf die Seite Luthers gehörte – auf der man selbst natürlich stand!

Am 16. Juni übermittelten die Wittenberger Theologen ihrem Kurfürsten ein ausführliches und differenziertes Gutachten.[175] Manches erschien ihnen am Interim akzeptabel oder doch bedenkenswert. Als ganz und gar falsch beurteilten sie dagegen die Ausführungen zur Rechtfertigung und zur Messe. Entgegenkommen signalisierten sie im Blick auf die Zeremonien, zumal man hier keine großen Änderungen vorgenommen habe. Am 30. Juni 1548 wurde das Interim Reichsgesetz, aber nur für die Protestanten. Wenige Tage später legte Karl V. den geistlichen Reichsständen einen Katalog mit Reformforderungen vor (Formula Reformationis). Der Klerus sollte moralisch und intellektuell gebessert werden, die Bischöfe ihre Verantwortung durch Visitationen und die Abhaltung von Diözesansynoden wahrnehmen. Es entsprach dem gewachsenen Selbstbewusstsein der Altgläubigen, dass sie sich vorsichtig, aber durchaus effizient gegen die Einmischung des Kaisers in geistliche Angelegenheiten wehrten.

Melanchthons Entscheidung für Wittenberg machte ihn zum führenden theologischen Berater des Kurfürsten Moritz, den man wegen seiner Wendung gegen den alten Kurfürsten als „Judas von Meißen" bezeichnete. Dessen politischer und religiöser Spielraum war äußerst begrenzt. Denn neben seinen Verpflichtungen und Versprechen gegenüber dem Kaiser standen diejenigen, die er seinen Untertanen gemacht hatte, vor allem in den neu gewonnenen Territorien um Wittenberg. Ihnen hatte er zugesagt, den lutherischen Glauben nicht aufzuheben. Hier war die Ablehnung des Interims eindeutig; Moritz konnte darüber unmöglich hinweggehen. Aber Versuche, von Karl V. ein Entgegenkommen zu erlangen, selbst wenn es nur formaler Art war, wurden schroff zurückgewiesen. Moritz leiteten weniger religiöse Überzeugungen als vielmehr politisches Kalkül. So taktierte er nach verschiedenen Seiten. Melanchthon sollte dafür die jeweiligen Begründungen liefern. Für den Meißener Landtag im Juli legten ihm die Wittenberger ein Gutachten vor, in dem sie noch deutlicher zwischen Fragen der Lehre und den Zeremonien unterschieden. Erstere mussten eindeutig und richtig dargelegt werden, über letztere wollte man „nicht zanken".[176]

Ende Juli unterbreitete Melanchthon Markgraf Johann von Brandenburg-Küstrin seine Beurteilung des Interims sowie Überlegungen zum weiteren Vorgehen.[177] Gottes Zorn offenbare sich im Interim, urteilte Melanchthon. Doch es bleibe die Hoffnung, dass darum die Wahrheit des Evangeliums nicht untergehe! Zur Beurteilung der Situation gehöre, dass man zwischen den Theologen und Politikern unterscheide. Für seine Kollegen und insbesondere für ihn selbst gelte: „Ich will für meine Person dieses Buch, Interim genannt, nicht billigen – wozu ich viele große und richtige Ursachen habe – und will mein elendes Leben Gott befehlen, ob ich gleich gefangen oder verjagt werde usw." Schwieriger sei es, den Politikern zu raten. Denjenigen, die nicht nach Gott fragten, könne man als Theologe ohnehin nichts sagen. Den anderen sollte man zu bedenken geben, dass sie dem Interim nicht zustimmen dürften, wenn sie dadurch ihr Gewissen belastet sähen. Im Übrigen hätten sie sich klar zu machen, dass die Anerkennung des Interims durch die Regierenden die Verfolgung der Bekenner des Evangeliums in ihren Gebieten nach sich ziehe. Was die „Mitteldinge" anbelange, die Zeremonien und Riten, hoffe man auf ein Übereinkommen mit den Altgläubigen. Insgesamt solle man auf Zeit spielen. Das Recht zum Widerstand gelte nach wie vor. Doch im Augenblick sei die Macht des Kaisers viel zu groß, als dass man etwas dagegen ausrichten könne.

Bei einem Treffen kursächsischer Politiker und Theologen in Pegau im August kam man überein, auf der Verteidigung der reinen Lehre des Evangeliums zu beharren, in Fragen der Zeremonien und Bräuche jedoch nachzugeben.[178] Einmal mehr unterstrichen Melanchthon und seine Kollegen ihre Verantwortung für das Festhalten an der Wahrheit, bis hin zu der Bereitschaft, dafür zu leiden: Wenn die Politiker meinten, Frieden durch ihre Vertreibung schaffen zu können, „wollen wir herzlich gerne weichen und leiden".

Unter den Altgläubigen und im Umfeld des Kaisers galt Melanchthon keineswegs als ein willfähriger Mann. Karl V. beklagte sich über ihn am 31. August gegenüber Moritz: Er habe erfahren, dass Melanchthon „auf seinem bösen, giftigen Gemüt stracks verharren und allerhand gegen das Interim und was sonst gegen uns ist, vornehmen soll".[179] Das wäre nicht zu tolerieren, Melanchthon daher auszuweisen „als einer von den vornehmsten Lärmbläsern, welche die vergangene Empörung und Aufruhr mit ihren giftigen, aufrührerischen Schriften erheblich gegen uns erregt und gestärkt haben". Moritz verteidigte seinen Professor als einen ihm ergebenen Mann. Melanchthon mühe sich intensiv um die Überwindung des kirchlichen Zwiespalts. Deshalb wolle er ihn so lange im Land dulden, „wie ich merke, dass er Gottes Ehre, christlichem Vergleich und Euer Kaiserlicher Majestät Gehorsam zu befördern hilft".

Ende November 1548 einigten sich die Delegierten der Kurfürsten von Sachsen und Brandenburg in Alt-Zella auf einen Text, der die reformatorische Lehre darlegte, in der Frage der Zeremonien jedoch den Altgläubigen erheblich entgegenkam. In Jüterbog erfolgte dann im Dezember 1548 die Billigung dieser Regelung durch die Fürsten und ihre Theologen, darunter Melanchthon.[180] Für Brandenburg bedeuteten diese Zugeständnisse wenig, da sie weitgehend der hier gültigen Kirchenordnung von 1540 entsprachen. Moritz legte die Übereinkunft mit Joachim II. dem Leipziger Landtag Ende Dezember 1548 als Interimsordnung für Sachsen vor.[181] Man habe gründlich bedacht, „dass alles das, was die alten Lehrer in den Adiaphoris, das ist in Mitteldingen, die man ohne Verletzung der göttlichen Schrift gehalten habe – und was bei dem anderen Teil [d. h. den Altgläubigen] noch im Gebrauch geblieben ist – hinfort auch gehalten wird und dass man darin keine Beschwernis oder Weigerung suche oder vorwende, weil solches ohne Verletzung guter Gewissen durchaus geschehen mag". Die Wittenberger unterstützten dieses Votum ausdrücklich.

Leidenschaftlich verdammten dagegen Matthias Flacius und seine Freunde sogleich dieses „Leipziger Interim". Der frühere Gefolgsmann und Kollege Melanchthons entwickelte sich schnell zum lauten und überaus produktiven Gegner des Wittenbergers. Zusammen mit

Amsdorf, Nikolaus Gallus, Erasmus Alber und anderen Glaubens-
flüchtlingen attackierte Flacius von Magdeburg aus ebenso kompromisslos wie publikumswirksam das Interim und seine Verteidiger,
vor allem Agricola. Die Tatsache, dass sich die Politiker und Theologen in dieser Stadt der Reichsacht widersetzten und als „unseres
Herrgotts Kanzlei" in einer Fülle von Veröffentlichungen entschlossen für die Geltung der reformatorischen Wahrheit eintraten, ließ
ihnen die Sympathien in beträchtlichen Teilen der protestantischen
Bevölkerung im gesamten Deutschen Reich zufliegen.[182] So schrieb
z. B. Kaspar Aquila im Juli 1548 „Wider den spöttischen Lügner und
unverschämten Verleugner Eislebium Agricola", mit dem er früher
befreundet gewesen war: Wer sich das Interim „gefallen lässt und
der falschen Teufelslehre folgt, die in diesem Interim steckt, der hat
Christus verleugnet". Auf dieser Ebene konnte Melanchthon nur
verlieren. Seine Bemühungen, die Forderungen des Interims zu ent-
schärfen und Möglichkeiten des Kompromisses auszuloten, mussten den Magdeburgern als unverantwortliche Verharmlosungen
und faktische Unterstützungen des Gegners erscheinen.

Es war Moritz mit seinen Räten und Theologen, darunter an
erster Stelle Melanchthon, also gelungen, die Einführung des Interims in Sachsen zu verhindern. Stattdessen kam es, wie berichtet,
mit dem „Leipziger Interim" zu einer Regelung, die in den Lehraussagen am lutherischen Bekenntnis festhielt, in den Formen des
Gottesdienstes, der Zeremonien und kirchlichen Bräuche dagegen
den Altgläubigen erheblich entgegenkam, allerdings im Rückgriff
auch auf ältere kirchliche Traditionen. In einem Offenen Brief an
Melanchthon[183] listete Flacius sämtliche Fehler und Vergehen des
Wittenbergers auf, angefangen bei dessen Verzicht auf die Wendung
„allein aus Glauben" (sola fide) in der Übereinkunft von Pegau. Dadurch hätte Melanchthon die reformatorische Rechtfertigungslehre

preisgegeben und der Werkgerechtigkeit zugestimmt. Melanchthons Einwand, dass er die lutherische Position doch sachlich einwandfrei dargelegt habe, ließ Flacius nicht gelten. In der gegebenen Situation komme es auf den vertrauten Wortlaut an. Jetzt empörte sich Melanchthon über den von ihm als lügnerisch und böswillig bezeichneten Flacius.[184] Dass Melanchthon dann erfolgreich darauf drängte, lediglich Auszüge aus diesem Dokument zu veröffentlichen,[185] verstand Flacius nicht als gezielte Verschleppungstaktik, sondern als eine erneute Heimlichkeit, um fragwürdige theologische Konzessionen zu vertuschen. Seine Gegner im eigenen Lager sahen jedenfalls auch hier den „bittren Tod der Christenheit", weil die Mitteldinge, „die Adiaphora, uns mit solchem Wahn vorgehalten werden [...], als seien sie Gottesdienst, zur Religion und Seligkeit notwendig".[186]

Flacius orchestrierte solche Stimmungen und Stimmen. Der Weigerung des alten Kurfürsten, dem Interim zuzustimmen, musste man nicht viele Worte hinzufügen, um eine zornige Opposition zu stärken: „Ich stehe vor Eurer Majestät als ein armer gefangener Mann. Ich lüge nicht: Ich habe die Wahrheit bekannt und darum Hab und Gut verlassen, Land und Leute und alles, was mir Gott in dieser Welt gegeben hat, und habe nichts als nur diesen gefangenen Leib [...] und soll nun das Ewige auch verlassen durch meinen Widerruf? Davor wolle mich Gott behüten."[187] Eindeutig genug lautete auch das Urteil der Magdeburger über die Zeremonien im 26. Artikel des Interims: Dieser Artikel bedeute die Wiederherstellung des Papsttums. Es gebe hier keinen Mittelweg, verkündete Nikolaus Gallus 1550: „Diejenigen, welche sich der angeordneten Verhältnisse teilhaftig machen, werden aus Gliedern Christi Glieder des Antichrist."[188] Und wenn dieser Widerstand den Pfarrern und Theologen Amt und Einkommen raubte? Die Magdeburger waren fraglos zu diesem Opfer bereit. Sie lebten im Bewusstsein der Endzeit. Die Apokalyptik bildete dementsprechend die „basale Sinnmatrix der mentalen Welt der Magdeburger". In diesem Licht deuteten sie auch die Leiden der vertriebenen Pfarrer vor allem in Süddeutschland. Jetzt ging es darum, für die geoffenbarte Wahrheit zu leiden. Warum empörte sich Melanchthon nicht ebenfalls laut und eindeutig, wie es doch seiner herausgehobenen Stellung im Protestantismus entsprochen hätte, fragte Flacius. Sein Urteil über den Wittenberger stand insofern fest. Melanchthon war durchaus betroffen und empört. Doch daraus folgte für ihn nicht die Hinwendung zur Öffentlichkeit, sondern das Bemühen, alles daranzusetzen, dass es den Pfarrern und Theologen da, wo er etwas bewirken konnte, also in Kursachsen, nicht ebenso erging wie ihren Kollegen in Süddeutschland. Flacius betonte, dass es jetzt darum gehe, der unterdrückten und verfolgten Wahrheit Gottes mitsamt ihren Bekennern eine Stimme zu verleihen. Die Leidenden sollten Solidarität erfahren, Stärkung und Trost. Und gleichzeitig musste vor allem den einfachen Christen klare Orientierung gegeben werden, damit sie nicht verzagten oder sich täuschen ließen, vielmehr fähig würden, mutig den wahren Glauben zu bekennen und danach zu leben.

Auch Melanchthon ging es um diese Menschen. Seine Gutachten sind voll von Mahnungen und Warnungen an die Mächtigen, das einfache Volk nicht zu irritieren, zu reizen und allzu sehr zu belasten. Sicherlich dienten solche Mahnungen auch dazu, die Politiker zur Ablehnung oder Abschwächung des Interims zu bewegen. Doch das bedeutet nicht, dass Melanchthon darum der Unruhe, den Sorgen und Ängsten in der Bevölkerung teilnahmslos gegenüberstand!

Anwälte der einfachen Gläubigen waren die Magdeburger, nicht die Wittenberger. Das Ohr jener Menschen erreichte Flacius, nicht Melanchthon. Der klagte im Juni 1549: „Es sind sehr giftige Schriften […] gegen uns in Magdeburg ausgegangen.[189] Im In- und Ausland „werden wir sehr unflätig gelästert mit Schriften, Predigten, Gesängen und Gemälden, allein deshalb, weil wir uns vernehmen ließen, wir wollen von unnötigen Sachen nicht streiten". Im April hatte Flacius Melanchthon entgegengeschleudert, dass es sich jetzt nicht um „unnötige Sachen" handele: „Es gibt kein neutrales Mittelding im Falle des Bekenntnisses und des Ärgernisses" (Nihil est adiaphoron in casu confessionis et scandali). Diese Formulierung hat immer wieder ausdrückliche Zustimmung und Anerkennung gefunden.[190] Doch daneben stand andererseits stets der Wille, an der Unterscheidung von zentralen und nachgeordneten theologischen Aussagen festzuhalten.

Die Hamburger Geistlichkeit wünschte im April 1549 von Melanchthon und den Wittenberger Theologen eine offizielle Erklärung zu den „Mitteldingen".[191] Melanchthon als die führende Gestalt im Protestantismus sollte sich äußern, um den Zwiespalt in der Kirche zu beenden. Die Hamburger wollten unterschieden wissen zwischen solchen Riten und Bräuchen, die der Erbauung und der reinen Lehre dienten, und allen anderen. Mit denen würden die einfachen Christen getäuscht, und unter dem Vorwand von Adiaphoris das gesamte Papsttum wieder in die Kirchen der Reformation eingeführt. In der Lehre und gottesdienstlichen Liturgie habe man nichts geändert, antwortete Melanchthon. Selbstverständlich lehne man magische Zeremonien ab. Was man im Rückgriff auf alte kirchliche Traditionen wieder eingeführt habe, betreffe z. B. Feste des Kirchenjahrs, verschiedene Lesungen, die Prüfung und Absolution vor dem Abendmahl, Texte bei der Ordination zum Predigtamt, besondere Gebete bei der Heirat oder entsprechende Predigten bei Beerdigungen. Im Übrigen, fuhr Melanchthon fort, könnten die Hamburger in Freiheit leicht reden und urteilen: Wir in Sachsen dagegen mussten Kompromisse eingehen, damit die reine Lehre bei uns nicht wie in

Süddeutschland zum Verstummen gebracht wurde. Auf dieser Linie haben sich Kirchenleitungen in der Regel pragmatisch bewegt. Flacius erklärte dazu 1550: „Oh, was für ein schrecklicher, zu beweinender Tag, an dem Konstantin Christ wurde!"[192] Diese Auffassung hat im Laufe der Kirchengeschichte ebenfalls immer wieder Beifall gefunden. Flacius denunzierte Melanchthon als einen Theologen, der die Kirche den Machthabern auslieferte. Der Gedanke einer radikalen Trennung von Staat und Kirche lag damals außerhalb der Vorstellungskraft. Aber die Geschichte hat gezeigt, dass allein dadurch das Problem der Abhängigkeit der Theologie und Kirche von der Politik und dem Staat auch noch nicht gelöst ist.

Weiterungen

Die Auseinandersetzungen über das Interim hatten für Melanchthon unbestreitbar einen beträchtlichen Verlust an Ansehen und mithin eine klare Einbuße seiner führenden Stellung im Protestantismus zur Folge. Er besaß allerdings die Größe, anders als Flacius, seine Einseitigkeiten und Fehler einzugestehen.[193] Das geschah freilich erst später, zu einem Zeitpunkt, als die aktuellen Probleme des Interims deutlich geringer geworden waren. Seit Ende 1550 verlagerte sich das öffentliche Interesse zunehmend auf die Fortsetzung des römisch-katholischen Konzils.

Papst Julius III. verkündete am 14. November 1550 dessen Fortsetzung zum 1. Mai 1551. Auch die Protestanten waren nun eingeladen. Karl V. hatte die Reichsstände ohnehin zur Teilnahme verpflichtet. Der sächsische Kurfürst ordnete daher an, dass seine Theologen nach Trient reisten, um dort die lutherische Lehre darzulegen und gleichzeitig gegen die vom Konzil bereits beschlossenen Dekrete zu protestieren. Melanchthon sollte der Sprecher sein.

Es lag auf der Hand, dass es für die Protestanten unbedingt erforderlich war, in Trient mit *einer* Stimme zu reden. Doch dazu kam es nicht. Die Straßburger verfassten einen eigenen Text, ebenso die Württemberger. Johannes Brenz war von Herzog Christoph mit dieser Aufgabe betraut worden. In Kursachsen sollte Melanchthon eine aktualisierte Zusammenfassung der CA mitsamt der Abweisung der römisch-katholischen Irrtümer vorlegen. Er schrieb sie im Mai 1551 in einem Zug, gedruckt wurde der Text 1552 als „Lehrbekenntnis der Sächsischen Kirchen" (Confessio Doctrinae Saxonicarum Ecclesiarum).[194] Immerhin gelang schließlich die Unterzeichnung jedes der drei Dokumente durch alle Delegierten der verschiedenen protestantischen Gruppen.

Melanchthons Bekenntnis bildete ein lebendig geschriebenes, klar argumentierendes systematisches Ganzes. Auf die Herausstellung der Notwendigkeit der Reformation folgte die Feststellung, dass die Protestanten sich im Einklang mit den biblischen Schriften sowie den Lehrentscheidungen der Alten Kirche befanden, ebenso mit deren Verwerfungen. Der gesamte Streit drehe sich um zwei Artikel des Apostolischen Glaubensbekenntnisses, schrieb Melanchthon, nämlich „Ich glaube an die Vergebung der Sünden" und „Ich glaube an die heilige katholische Kirche".[195] „Wir werden", fuhr er fort, „die Quellen dieser Kontroverse aufzeigen". Denn wenn diese erkannt würden, könne man auch begreifen, „dass es sich bei unseren Darlegungen um die Stimme des Evangeliums selbst handelt" – wohingegen die verderbten Auffassungen von den Gegnern in der Kirche verbreitet würden. Somit war es die Aufgabe des Konzils, zu jenen Ursprüngen zurückzukehren und die Missstände, die Melanchthon nun zu jedem Punkt anführte, endlich abzustellen.

Es waren die bekannten Aussagen der reformatorischen Lehre, die hier wiederkehrten. Doch sie muteten in dieser Darstellung frisch und neu an. So konnte Melanchthon etwa nach der Aussage, dass die Rechtfertigung des Menschen allein auf der Versöhnungstat Christi basierte, hinzufügen: „Wir begreifen diesen göttlichen Ratschluss in unserer Schwachheit nicht, werden ihn jedoch danach in der Ewigkeit erkennen." Heilsgewissheit statt Verzweiflung biete das Wort des Evangeliums denen, die darauf vertrauten. Insofern handelte es sich beim Glauben um einen personalen Vorgang: „Ich glaube, dass *mir* die Vergebung der Sünden geschenkt wird"; es gehe dabei um *meine* Zerknirschung und *mein* Wissen, dass Gottes Weisung unwandelbar ist. Melanchthon schloss: „Und offen bezeugen wir dem Trienter Konzil, dass wir den teils offensichtlich falschen, teils doppeldeutigen und sophistischen Dekreten, die es früher veröffentlicht hat, nicht zustimmen, sondern sie geißeln, damit man uns hört und die Irrtümer bessert, die durch die früheren tridentinischen Dekrete verfestigt wurden." Sämtliche Professoren und Superintendenten der sächsischen Kirche, insgesamt 28 Personen, unterzeichneten das Dokument am 10. Juli 1551. Eine Reihe anderer Kirchen schloss sich an.

Die Reise nach Trient ging schleppend voran. Im Januar 1552 erhielt Melanchthon in Nürnberg die Weisung, dort zu warten und schließlich nach Wittenberg zurückzukehren. Er ahnte, worum es ging: nämlich um eine Verschwörung der Fürsten gegen Kaiser Karl V. Moritz von Sachsen hatte den Auftrag erhalten, die Reichsacht gegen Magdeburg zu exekutieren. Im September 1550 begann die Belagerung der Stadt. Doch bald schon wurden geheime Verhandlungen zwischen dem Kurfürsten und dem Rat der Stadt Magdeburg geführt. Sie endeten mit der Kapitulation der Stadt am 7. November 1551 und der gleichzeitig verkündeten Amnestie für die Einwohner. Moritz verfügte nun über ein Heer, mit dem die breit angelegte Verschwörung der Fürsten im Reich gegen den Kaiser die offene Rebellion ermöglichte. Der sächsische Kurfürst zielte auf Innsbruck, wo sich Karl V. aufhielt. Der floh, sein Bruder Ferdinand handelte dann den Passauer Vertrag aus, mit dem die Voraussetzungen für den Augsburger Religionsfrieden von 1555 geschaffen wurden. Dieser gewährte den Anhängern der CA die reichsrechtliche Anerkennung. Dadurch war der Streit über den rechten Glauben im Deutschen Reich zunächst einmal stillgestellt.

8. Die letzten Jahre

Innerprotestantischer Streit über die reine Lehre

Melanchthon war früh reif geworden. Er alterte auch früh. Zunehmend fühlte er sich nun müde, hinfällig, überanstrengt. Seine stete Sehnsucht nach Harmonie und Frieden verband sich jetzt mit dem wachsenden Wunsch nach Stille und Ruhe. Seine Abneigung gegen die andauernden Diskussionen und Auseinandersetzungen mitsamt den nicht endenden theologischen Streitigkeiten nahmen zu. Bisweilen äußerte sich Melanchthon in diesen Jahren geradezu ängstlich über die ihm aufgebürdeten Lasten, die Gutachten, Stellungnahmen und insbesondere die theologischen und kirchenpolitischen Verhandlungen in der engeren und weiteren Öffentlichkeit. Daraus erwuchsen doch, urteilte er, wie die Erfahrung leider lehre, nur immer wieder neue sachliche Missverständnisse und vor allem persönliche Verunglimpfungen und Zänkereien.

Dabei verzichtete Melanchthon selbst keineswegs auf Polemik – jetzt insbesondere gegenüber Flacius und dessen Freunden – und schreckte auch nicht vor bösen Worten und beleidigenden Unterstellungen zurück. Gleichzeitig reagierte er empfindlich, war leicht beleidigt und fühlte sich, bisweilen durchaus zu Recht, absichtlich missverstanden oder übergangen und ausgegrenzt. Auch Äußerungen der Resignation fehlten nicht. „Lasst sie immer schreiben, bis sie genug haben, und machen, wie sie nur wollen. Ich werde sie nicht mehr lange beirren." Doch dann raffte sich Melanchthon wieder auf und fuhr fort: „Ich will aber fleißig lehren und der Jugend eine einfältige Erklärung der Wahrheit mit Gottes Gnade vortragen, so lange ich lebe. Und daneben Gott bitten, dass er mir einen fröhlichen Abschied verleihen wolle."[196]

Noch immer war Melanchthon jedoch die entscheidende Persönlichkeit im deutschen Protestantismus. Hoch geschätzt wurde er auch in anderen europäischen Ländern. Exemplarisch kam diese Anerkennung in der Einladung Melanchthons nach England zum Ausdruck, die Erzbischof Thomas Cranmer, der Primas der englischen Kirche, im Auftrag des jungen Königs Edward VI. am 7. Juni 1553 „seinem besonderen Freund, dem in Bildung und Frömmigkeit vortrefflichen Mann, Herrn Philipp Melanchthon", übermittelte. Ein ansehnliches Reisegeld wurde gleichzeitig zugesagt, damit „der hoch gelehrte Meister und zu diesem Zweck am meisten Geeignete so wie bisher in Deutschland nun auch in England die Lehre des Evangeliums und die Kenntnis der freien Künste ausbreiten möge".[197] Die Reise kam aus verschiedenen Gründen nicht zustande. In Deutschland sah sich Melanchthon neben Anerkennung und Bewunderung weiterhin den scharfen Angriffen und Verdammungen der Männer um Flacius und Amsdorf ausgesetzt, die nach ihrem Selbstverständnis als „echte Lutheraner" (Gnesiolutheraner) das theologische Erbe des Reformators gegen dessen Verfälscher und Verderber verteidigten, nämlich Melanchthon und seine Anhänger, die „Philippisten".

Die meisten Flacianer, die jetzt Melanchthon bekämpften, waren seine Schüler gewesen. Das trug erheblich zur Erbitterung und Vergiftung der Auseinandersetzungen bei. Sie hatten gelernt, dass die reformatorische Rechtfertigungslehre zentrale Bedeutung besaß, dass sie unbedingt durch eindeutige Formulierungen, genaue Definitionen und exakte systematische Darlegungen gesichert werden müsse. Solche Bemühungen bewirkten einen Prozess der zunehmenden Verfestigung der Lehraussagen. Die ursprüngliche Weite und Vielfalt der reformatorischen Verkündigung trat jetzt, in der zweiten Generation, hinter die Konzentration auf die richtigen Worte und Wendungen zurück. Das Mühen um solche Klarheit und logische Geschlossenheit drängte freilich die Einsicht zurück, dass es sich bei der Offenbarung um ein Mysterium handelte, um ein Unverfügbares – in der Christologie, in der Soteriologie, also der Lehre von der Erlösung des Menschen durch Christus, und mithin bei Gottes gnädiger Rechtfertigung des Sünders. Hier vollzog sich eine Akzentverschiebung, die jedoch keineswegs eine Alternative bedeutete. Religiöse Erfahrung und die rationale theologische Darlegung der Lehre gehörten für Melanchthon zusammen. Dasselbe galt eindeutig für Flacius und wohl die meisten Schüler Melanchthons, die sich nun in seine Gegner hier und die Verteidiger des Lehrers dort aufteilten. Das alles hieß zugleich: Melanchthons dialektische, pädagogische und theologische Arbeiten schufen die Voraussetzung sowie die Basis für die folgenden innerprotestantischen Streitigkeiten über die reine lutherische Lehre.

Den äußeren Anlass für diese Kämpfe bildete das zunächst vor allem von den Gnesiolutheranern als umfassende Krise erlebte Interim.[198] Wie sehr jedoch sämtliche Schüler Melanchthons inzwischen auf dem Boden der von ihm formulierten forensischen Rechtfertigungslehre standen, also der Gerechterklärung des Menschen durch Gott, belegte die einhellige Ablehnung und Bekämpfung Osianders. Andreas Osiander hatte infolge des Interims Nürnberg verlassen müssen und bei Herzog Albrecht von Preußen Zuflucht gefunden, zunächst als Pfarrer in Königsberg, dann auch als Theologieprofessor an der dortigen Universität – obwohl er keinen akademischen Grad besaß. In eigenwilliger Übernahme und Veränderung von Gedanken Luthers lehrte Osiander nun, dass Gott in den Menschen eingehen müsse und dass Christus insofern im Menschen wirke. Rechtfertigung bedeutete also die Gerechtmachung des Sünders. Der Glaube wisse darum, so dass die Gerechterklärung mit der Gerechtmachung im Menschen in eins verschmolzen.

Diese Theorie stand im klaren Gegensatz zu dem von Melanchthon entfalteten Verständnis der Rechtfertigung. Trotzdem hielt dieser sich zurück und versuchte lediglich brieflich auf Osiander sowie Herzog Albrecht einzuwirken, der jetzt und in der folgenden Zeit seine Hand schützend über seinen Professor hielt und gleichzeitig versuchte, für dessen Theologie unter den Protestanten im Reich zu werben. Daraufhin meldete sich auch Melanchthon zu Wort. In seiner knappen „Antwort auf das Buch Herrn Andreas Osianders von der Rechtfertigung des Menschen", die im Januar 1552 erschien[199], unterschied Melanchthon zwischen der Gnade der Sündenvergebung und der Gabe der göttlichen Gegenwart, die beide in Christus dem Glaubenden geschenkt werden. Der Christ fing an, dadurch gerecht zu werden. Doch das blieb in diesem Leben Stückwerk, so dass der Mensch dauerhaft auf die Vergebung seiner Sünden angewiesen war. Die Zusage des Evangeliums bildete diese tröstliche Gewissheit, die wollte Melanchthon festgehalten und verteidigt wissen. Wir müssen, schrieb er, Jesus Christus „ansehen und uns gleichsam in seine Wunden legen und diesen wahrhaften Trost erfassen, dass wir Vergebung der Sünden haben und um dieses Mittlers willen erhört werden".

Der Streit ging weiter, auch nach Osianders plötzlichem Tod im Oktober 1552, und nahm sogar noch schärfere Formen an. Vermittlungsversuche von Brenz erreichten nichts. Melanchthon forderte, freilich vergebens, derart diffizile Fragen nicht auf die Kanzel und dadurch unter das Volk zu bringen. Sein Gutachten, das er auf einem Konvent in Naumburg am 23. Mai 1554 vorlegte, brachte den Streit dann im Wesentlichen zum Abschluss.[200] Mit dem Hinweis auf seine „Antwort" erklärte Melanchthon: „Diese Erzählung ist allein darum hierhin gesetzt worden, um daran zu erinnern, dass wir bei den vorigen Antworten und dem Konsens der Kirchen, die die gleiche Antwort wie wir gegeben haben, bleiben wollen." Allerdings nahmen nur die Parteigänger Melanchthons an der Naumburger Tagung teil.

Etwa gleichzeitig bewegte der „majoristische Streit" die Gemüter. Inhaltlich ging es im Grunde um eine Lappalie. Doch die Schärfe und Verbissenheit, mit der hier gekämpft wurde, waren kennzeichnend für die Atmosphäre. Der Theologe Georg Major hatte während des Interims an Melanchthons Seite gestanden. Ende 1551 warf Amsdorf Major vor, er habe das „allein aus Glauben" (sola fide) in der Rechtfertigungslehre preisgegeben und die Notwendigkeit guter Werke für die Seligkeit gelehrt. Den erstgenannten Vorwurf wies Major zurück, fuhr dann jedoch fort: „Das bekenne ich aber, dass ich so vormals gelehrt und noch lehre und weiterhin mein Leben lang so lehren will, dass gute Werke zur Seligkeit nötig sind und sage öffentlich und mit klaren und deutlichen Worten, dass niemand durch böse Werke selig wird und dass auch niemand ohne gute Werke selig wird. Ich sage noch mehr, nämlich dass derjenige, der anders lehrt – auch wenn es ein Engel vom Himmel ist – der sei verflucht."[201] Dagegen polemisierten die Flacianer sogleich laut und leidenschaftlich. Auch Justus Menius traf ihr Bannfluch, als er Major beizustehen versuchte. Amsdorf behauptete 1559 sogar, gute Werke seien für die Seligkeit schädlich. Der Kampf lebte davon, dass jede Seite der anderen theologische Konsequenzen unterstellte, die niemand ziehen wollte. Selbstverständlich sollte die Rechtfertigung allein aus Glauben nicht preisgegeben werden. Lediglich um die Frage des neuen Lebens des

Gerechtfertigten ging es. Doch dieses Problem geriet in der Hitze des Wütens gegeneinander nahezu aus dem Blick. In einem klugen Gutachten für ein Treffen protestantischer Fürsten in Frankfurt am Main hob Melanchthon, der in diesem Zusammenhang durchgängig indirekt mit attackiert und verurteilt wurde, das Thema 1558 souverän auf eine höhere Ebene[202]: Die „guten Werke" fasste er, ähnlich wie 1528 im „Unterricht der Visitatoren", bewusst weit als die Lebensäußerungen des Gerechtfertigten. Insofern gehörten dazu nicht nur sittliche und moralische Handlungen, sondern auch die Erkenntnis der bleibenden Sünde und die Anrufung Christi im Gebet. „Die Rede ‚neuer Gehorsam' soll aber so verstanden werden: das neue Licht im Herzen, durch das Wort Gottes vom Sohn und heiligen Geist angezündet, und Freude in Gott, seine Anrufung, guter Vorsatz, woraus äußerliche gute Werke kommen". Gleichzeitig empfahl Melanchthon, auf Redeweisen wie „notwendig zum Heil" oder „zur Seligkeit" zu verzichten, denn sie seien theologisch höchst missverständlich.

Der so genannte „synkretistische Streit" hing mit diesen Querelen zusammen. Hierbei ging es um die Frage, ob und inwiefern von einer Beteiligung des Menschen bei seiner Rechtfertigung die Rede sein könne. Aus seelsorgerlichen und pädagogischen Gründen bemühte sich Melanchthon um eine Klärung dieser Frage. Sowohl in der Neubearbeitung der Loci von 1535 als auch in den Fassungen seit 1543 sprach er von der zentralen Bedeutung des Wortes Gottes und des Heiligen Geistes, räumte jedoch ein, dass der Wille des Menschen fähig sei, dagegen anzukämpfen. Dieser Gedanke fand Eingang in die Artikel des „Leipziger Interims": Obwohl Gott alles in allem wirke, handele er doch „mit den Menschen nicht wie mit einem Block, sondern zieht ihn so, dass sein Wille auch mitwirkt, wenn er in verständigen Jahren ist".[203] Als der Leipziger Superintendent und Theologieprofessor Johannes Pfeffinger – der während des Interims eindeutig auf die Seite Melanchthons getreten war – diese Vorstellung 1555 öffentlich vertrat, loderte der Streit schnell auf. Flacius bezeichnete Pfeffinger, aber auch Melanchthon und dessen Gesinnungsgenossen als „Synkretisten", d. h. Vertreter der römisch-katholischen Gnadenlehre, wonach der Heilige Geist und das Tun des Menschen zusammen das Heil bewirkten. Natürlich verhalte sich der Mensch in diesem Zusammenhang „wie ein Block", völlig unfähig, sich Gott zuzuwenden. Gleichzeitig verfassten die Flacianer 1559 das „Weimarer Konfutationsbuch", in dem sie sämtliche Abweichungen und Abweichler von Luthers Lehre namentlich verdammten, darunter natürlich Pfeffinger und Melanchthon. Allerdings verrannte sich Flacius im August 1560 völlig, als er in einer Disputation in Weimar behauptete, die Sünde bilde die „Substanz" des Menschen. „Mehr noch als in den anderen Auseinandersetzungen gelangten im synkretistischen Streit beide Seiten zu unmöglichen Einseitigkeiten."[204] Einmal mehr offerierte Melanchthon in seinem „Bedenken" ein über die von ihm als allzu vordergründig beurteilte Polemik hinausgreifendes Angebot zur Verständigung: „Beides ist wahr. Wenn der Mensch wie ein Block wäre, gäbe es keinen Streit. Ferner, wenn sich der Wille vom Trost [des Evangeliums] abzuwenden vermag, dann ist das so zu verstehen, dass er etwas bewirkt. Und er folgt dem Hl. Geist, wenn er den Trost annimmt."[205]

Schließlich brach in dieser Zeit erneut der Streit über das Verständnis des Abendmahls aus. Melanchthons Veränderung des Artikels über das Abendmahl in seiner Überarbeitung der CA hatte zunächst wenig Aufsehen erregt. Das änderte sich durch das Interim. Hinzu kamen die als Bedrohung der lutherischen Reformation empfundenen Erfolge des Calvinismus in den Niederlanden und in Frankreich. Um dagegen Front zu machen, verfasste der Hamburger

Pfarrer Joachim Westphal eine scharfe Schrift gegen Calvin, in der
er nicht mit Vorwürfen und Unterstellungen auch an die Adresse
Melanchthons sparte. Calvin wehrte sich und drängte Melanchthon,
doch ebenfalls öffentlich zu antworten. Der schwieg jedoch, um
nicht Öl in das Feuer zu gießen.[206] Seine Gegner warteten doch nur
darauf, „einen plausiblen Grund zu finden, um ihn zu bedrücken".
Immerhin verfasste Melanchthon dann eine Stellungnahme für den
Bremer Magistrat, weil sich in der Stadt Albert Hardenberg, ein Anhänger Melanchthons, und der Lutheraner Johann Timann leidenschaftlich in der Frage des Abendmahls bekämpften.[207] Friede kehrte
dadurch allerdings nicht ein. Der Streit loderte vielmehr in verschiedenen Orten auf. In der Pfalz befahl der Fürst deshalb beiden Seiten
zu schweigen. Melanchthon billigte diesen Befehl und nahm gleichzeitig Stellung gegen seinen Schüler Heßhusen, der eine schroff lutherische Position vertrat.[208] Erneut wollte Melanchthon vor allem
einfachen Christen Orientierung bieten: Sie sollten sich an die Worte der Bibel halten, wo von der Gemeinschaft mit dem Leib Christi
geredet werde, also von der Bedeutung dieses Sakraments für den
einzelnen und die Gemeinde. Auf subtile Spekulationen dagegen
möge man verzichten. Hierzu zählte Melanchthon sowohl die Lehre
von der Transsubstantiation als auch die von Luther konzipierte und
von Brenz selbständig weiter entwickelte Ubiquitätslehre, wonach
Christus auch nach seiner menschlichen Natur allgegenwärtig sei.

Aufgrund seiner Einstellung zum Abendmahl, die sich mit den
Leitgedanken Calvins berührten, trat Melanchthon für die Aufnahme von Anhängern der Reformation aus England und Frankreich
in Wesel und anderen deutschen Städten ein.[209] Diese Bemühungen
scheiterten jedoch. Sowohl in Wesel als auch in Frankfurt am Main
gelang es den radikalen Lutheranern, die Flüchtlinge auszuweisen
und ihre Gemeinden aufzulösen.

Bemühungen um die Lehreinheit

Durchgängig versuchte Melanchthon in den erbitterten theologischen Streitigkeiten der Fünfzigerjahre, verbindende und integrierende Positionen zu formulieren und durchzusetzen. Ebenso durchgängig scheiterten diese Bemühungen jedoch am Widerspruch und Widerstand der Flacianer, deren theologisches und kirchenpolitisches Zentrum die Universität Jena sowie der Hof der Ernestiner in Weimar bildeten. Dieser tiefgreifende Gegensatz musste überwunden werden, wenn der lutherische Protestantismus nicht in Fraktionen auseinanderbrechen sollte.

An Versuchen der Verständigung fehlte es nicht. Von Melanchthons Eingeständnis gegenüber Flacius, dass er sich während des Interims falsch verhalten habe, war die Rede.[210] In einem offenen Brief an Flacius erklärte Melanchthon im September 1556, nachdem er die von ihm vertretene Position während des Interims dargelegt hatte: „Ihr habt gesiegt, ich gebe es zu! […] Ich bekenne auch, in dieser Angelegenheit gesündigt zu haben und bitte Gott um Verzeihung, dass ich mich von jenen gefährlichen Erwägungen nicht weit genug entfernt gehalten habe." Was ließ sich mehr sagen? Flacius wollte es jedoch dabei nicht bewenden lassen, er verlangte ein grundsätzliches Schuldbekenntnis. Um vielleicht doch noch eine Übereinkunft zu erreichen, reisten einige Theologen zwischen Coswig, wo sich die Flacianer aufhielten, und Wittenberg hin und her, um von Melanchthon eine Antwort auf acht ihm vorgelegte Artikel zu erhalten. Das Unternehmen scheiterte. Melanchthon war jetzt beleidigt und empört, weil anstelle der Würdigung seiner Leistungen für die Kirche immer nur sein Fehlverhalten während des Interims zur Sprache kam. Flacius zeigte sich umgekehrt verärgert und erbittert, weil Melanchthon keine Einsicht und echte Reue zeige.

Im Sommer 1557 sollte in Worms erneut ein Religionsgespräch stattfinden. Der in Augsburg 1555 in der Religionsfrage geschlossene Friede zwischen den Altgläubigen und den Anhängern der CA enthielt die Verpflichtung, sich weiter um die Wiederherstellung der kirchlichen Einheit zu bemühen. Ein Treffen protestantischer Fürsten im Juni 1557, zu dem auch Theologen hinzugezogen wurden, versuchte im Vorfeld des Gespräches ein möglichst einmütiges Vorgehen zu verabreden. Wie wenig das gelang, zeigte sich schnell. Nicht nur vor der Tagung, sondern vollends nach deren offizieller Eröffnung am 11. September 1557 prallten die Gegensätze unüberbrückbar aufeinander. Zwar gelang es, die Dominanz der Flacianer zu verhindern. Diese verließen deshalb am 2. Oktober Worms. Doch den Altgläubigen war das beschämende Schauspiel eines Protestantismus geboten worden, der sich erbittert selbst zerfleischte. Melanchthons Versuch, eine gesamtprotestantische Position darzulegen, ging insofern ins Leere.[211] Er mahnte einmal mehr zur Einigkeit und insbesondere zu einem humanen, friedfertigen Umgang miteinander: „dass man Lauterkeit im Urteil anwende, nicht zu unnützen Streitigkeiten reize; und wenn einige meinen, etwas müsse verbessert werden, sollte man ordnungsgemäß vorgehen, sanft, ohne Heftigkeit und Hass und ohne zu verleumden anzeigen, was gewünscht wird, dabei zwischen Mitbürgern und Feinden unterscheiden, den vielfältig kranken Leib der Kirche schonen und lieber diejenigen, die zu heilen sind, heilen und an ihre Seite treten als noch größere Zerfleischungen anzurichten."

Obwohl er nur wenig von dem Wormser Religionsgespräch erwartet hatte, war Melanchthon doch zutiefst enttäuscht und niedergeschlagen. Nicht nur die Einheit der Kirche sah er in weite Ferne gerückt, sondern auch die Gemeinschaft innerhalb des lutherischen Protestantismus. Ein Abstecher von Worms nach Heidelberg mun-

terte ihn ein wenig auf. Gewiss, Melanchthon sah sich vom Kurfürsten und der Universität geehrt und gefeiert. Doch dann musste
Camerarius ihm den Tod seiner Frau mitteilen. Mit dem Blick zum
Himmel antwortete Melanchthon leise: „Leb wohl, bald folge ich dir
nach!"[212]

Da sich eine Einigung unter den Theologen offenkundig nicht
erreichen ließ, setzte Melanchthon seine Hoffnungen und Bemühungen nachdrücklich auf die Unterstützung der Fürsten. Dass die
Obrigkeiten auch für die erste Tafel des Dekalogs Verantwortung
trugen, hatte Melanchthon seit langem vertreten. 1539 widmete er
dieser Aufgabe der Fürsten, sich für die wahre Religion und insofern für das Wohl der Kirche einzusetzen, einen eigenen Traktat.[213]
Gewiss müssten die Aufgaben des Predigers und der Obrigkeit unterschieden werden. Doch deren vornehmste Verpflichtung sollte
der Sorge dienen, „dass das Bekenntnis in ihrem Amt aufleuchtet.
Denn das ist das zentrale Ziel aller guten Funktionen in der Gesellschaft." Ebenso argumentierte Melanchthon in der Ausgabe letzter
Hand seiner Loci: „Wenn ich sage, dass die Obrigkeit eine Wächte-
rin über die Zucht ist, so muss man darunter den Schutz jeder der
beiden Tafeln des Dekalogs verstehen, d. h. sie ist nicht nur Hüterin
des Friedens, als wäre sie ein Viehhirte, sondern sie soll nicht nur
dem Leib, sondern der Ehre Gottes dienen. […] Wie alle anderen
Frommen sollen deshalb auch die Obrigkeiten ihr Augenmerk auf
die Lehre richten, und wenn jemand falsche und gottlose Lehrmei-
nungen verbreitet oder verteidigt, sollen sie ihn als Ketzer verurteilen oder gefangen halten. Die Fürsten sind sehr im Irrtum, wenn sie
meinen, dass sie diese Fürsorge nichts angeht."[214] Diese grundsätzlichen Überlegungen konkretisierte Melanchthon nun im Blick auf
die Aufgabe der Fürsten, in ihren Territorien eine einheitliche Form
der Lehre durchzusetzen.

Diese mussten dazu kaum motiviert werden. Denn eine solche Zielsetzung lag in ihrem eigenen kirchenpolitischen und im Zuge des Ausbaus des Territorialstaats vor allem politischen Interesse. Ein gewichtiger Schritt in diese Richtung erfolgte 1558 mit der Formulierung des „Frankfurter Rezesses" am Rande der Proklamation Ferdinands I. zum deutschen Kaiser.[215] Ein Jahr später drängte Herzog Christoph von Württemberg auf dem Augsburger Reichstag die protestantischen Fürsten, sich für die Darlegung einer einheitlichen lutherischen Lehre einzusetzen und zu diesem Zweck eine Synode einzuberufen. Melanchthon hielt nichts davon und riet deshalb entschieden ab. Er erklärte hinsichtlich des Wunsches, „man solle eine einträchtige Form zu lehren aufstellen, die bei allen gehalten würde", und dafür sollten sich die Machthaber einsetzen: „Dies ist nun eine ‚platonische Idee'", also niemals realisierbar![216] Anders urteilte er über die Schaffung einer einheitlichen Lehrform für das Kurfürstentum Sachsen, wie sie das Konsistorium wünschte. Melanchthon nahm in dieses „Corpus der Lehre" (Corpus doctrinae) neben der überarbeiteten CA noch die Apologie, die letzte Fassung seiner „Loci theologici" sowie das „Sächsische Bekenntnis" auf, das Examen für die Ordination, seine Stellungnahme zu den spiritualistischen Lehren des italienischen Theologen Francesco Stancaro sowie schließlich die „Antworten auf die Artikel der bayerischen Inquisition" (Responsiones ad impios articulos Bavaricae inquisitionis).[217] Auf diese Schrift komme ich sogleich zurück. Es sollte allerdings noch rund zwanzig Jahre dauern, bis sich das Ziel einer einheitlichen Lehrnorm nach unendlich mühsamen und langwierigen Diskussionen und Verhandlungen wenigstens teilweise mit der Konkordienformel realisieren ließ.

Kampf gegen den erneuerten Katholizismus

Die Anstrengungen der Politiker und Theologen, eine einheitliche lutherische Lehre zu schaffen, waren nicht zuletzt geleitet von der Sorge über die unübersehbar wachsende Macht des römischen Katholizismus innerhalb und außerhalb des Deutschen Reichs. Melanchthon teilte diese Befürchtungen voll und ganz. Viel wesentlicher als die innerprotestantischen Streitigkeiten erschien ihm die Notwendigkeit der Verteidigung der reformatorischen Lehre gegenüber dem Papsttum.

Es lag natürlich nahe, dass die Altgläubigen die protestantischen Querelen ausbeuteten, die ihnen in Worms vorgeführt worden waren. Zu denen, die sich auch schriftlich dazu äußerten, gehörten die katholischen Theologen Friedrich Stapellage (Staphylus) und Johannes a Via (Avius). Sie wiederholten die bekannten Vorwürfe: Erfinder neuer Dogmen seien die Protestanten, Verfälscher biblischer Texte und vor allem unheilbar untereinander zerstritten. Ihre Bekenntnisse öffneten geradezu die Büchse der Pandora, erklärte Staphylus. Der neue Kurfürst August, Bruder des 1553 gefallenen Moritz, wünschte von Melanchthon eine Antwort auf diese Angriffe.

Melanchthon setzte sich vor allem mit Staphylus auseinander.[218] Der war einmal sein geschätzter Schüler gewesen, dann zur alten Kirche zurückgekehrt und in Worms als Redner gegen ihn aufgetreten. Die fraglos beklagenswerten Zustände in der Kirche, durchaus auch innerhalb des Protestantismus, könnten nicht die Basis der Auseinandersetzungen bilden, betonte Melanchthon, sondern allein die Lehre. „Wir wissen doch, dass die Kirche unter dem Kreuz existiert!" Wer jedoch auf die Lehre blicke, müsse zugeben, dass die Protestanten die wahre Kirche darstellten und nicht die Altgläubigen. Diese hätten nicht nur zahllose Irrtümer und Verfälschungen eingeführt, sondern sie scheuten sich auch nicht, sie gegen die Bibel, die Tradition und alle Logik zu verteidigen. Außerdem hörten sie nicht auf, ganz und gar Unwesentliches an die Stelle der grundlegenden göttlichen Wahrheit zu setzen. „Und es ist nur allzu bekannt, dass jene Meinungen ein trauriger Henker für die Frommen sind, der sowohl den Glauben als auch die Anrufung Gottes verhindert."

Gegenüber Avius ging Melanchthon ausführlicher auf die Angriffe von Flacius ein. Nachdrücklich betonte er: Es sei unsinnig, kirchliche Traditionen zum Maßstab von wahr und falsch zu machen. „Gewiss wollen wir, dass die Kirche als Lehrerin gehört wird. Doch der Glaube stützt sich auf Gottes Wort." Daran gelte es festzuhalten, gerade in dieser letzten Zeit. Er, Melanchthon, sei jedenfalls entschlossen, sich nicht von Christus und seiner Kirche trennen zu lassen. Und die Fürsten, Politiker und Gelehrte, sollten an ihre Aufgabe denken, unnötigen Streit zu verhindern.

Fast mehr noch als über solche Angriffe empörte sich Melanchthon über das Vorgehen der Jesuiten in Bayern. Herzog Albrecht V. hatte sie geholt, um die Reformation zu bekämpfen. Für die Visitation in diesem Territorium formulierten die Jesuiten 31 Artikel. Ausgangspunkt und Mitte bildeten die römische Kirche und ihre Lehre, angefangen bei den sieben Sakramenten über die Transsubstantiation, die Verehrung der Hostie sowie der Messe für Verstorbene bis hin zur Anrufung der Heiligen, dem Fegefeuer, Weihwasser und schließlich der letzten Ölung.

Melanchthon veröffentlichte diese Artikel mit einem Vorwort und nahm dazu mündlich in der Vorlesung sowie anschließend schriftlich Stellung.[219] Einleitend unterstrich er erneut die Notwendigkeit der protestantischen Einigkeit. In seiner weiteren Argumentation gegen die Jesuiten folgte Melanchthon dem Aufbau der römischen Artikel, setzte also ebenfalls beim Thema der Kirche ein.

Als ihre Kennzeichen nannte er einmal mehr die wahre Lehre des Evangeliums und den rechten Gebrauch der Sakramente sowie den angemessenen Gehorsam gegenüber den Dienern des Evangeliums. Er bezeichnete die Kirche auch als eine schöne und gute Schule, wobei ihm wohl die Idealgestalt seiner Privatschule vor Augen stand. Scharf wies Melanchthon sodann die Gleichsetzung der katholischen Kirche mit der römischen zurück. So könne nur reden, wer die griechische Orthodoxie ausblende und im übrigen Gottes Wort mit dem Papsttum gleichsetze. Gewiss sei es heilsnotwendig, zur wahren katholischen Kirche zu gehören. Diese habe auch zu allen Zeiten bestanden, selbst wenn ihr oftmals nur sehr wenige angehörten. Dazu zählten jetzt die Protestanten, jedoch nicht die Anhänger des Papstes. Die Beschlüsse von Synoden und Konzilien müssten „an der Norm des Gesetzes Gottes und der Artikel des Glaubens gemessen werden". Als eindeutig falsch bezeichnete er die Rede von sieben Sakramenten statt von den zweien, die Christus einsetzte. Ebenso entschieden wies Melanchthon die Transsubstantiation sowie die Messen für Verstorbene zurück. Ausführlich wiederholte er sodann die echte evangelische Lehre von Buße und Rechtfertigung und verwarf den Ablass. Zum Problem des freien Willens urteilte Melanchthon, auch in der Auseinandersetzung mit Täufern und Spiritualisten, insbesondere jedoch mit den Flacianern, dass eine gewisse Willensfreiheit im Blick auf weltliche, bürgerliche und politische Forderungen existiere. Doch selbst auf dieser Ebene bleibe diese Fähigkeit durch die Sünde und das Wirken des Teufels geschwächt. Denn unbestreitbar „brennen die Menschen vor Selbstliebe, begehren Verbotenes, klagen und murren über Gott, ja hassen ihn, seine Gesetze sowie die Menschen, die verhindern, dass man weiter umherschweifen kann, als man möchte". Der Heilige Geist dagegen helfe, eine andere Einstellung zu gewinnen. Gewiss gefalle Gott ein solcher Gehorsam, doch selbstverständlich rechtfertige dieser nicht. Als unverantwortlich bezeichnete Melanchthon dann die Ablehnung der Heilsgewissheit, die das Trienter Konzil ausdrücklich verworfen hatte. Zur Rechtfertigung und den folgenden Werken führte er aus, dass die wahre evangelische Lehre stets von zwei Seiten bedroht werde: von den Vertretern der Werkgerechtigkeit einerseits und andererseits von den Verächtern des göttlichen Gesetzes, den Antinomisten. Sicherlich schenke der Heilige Geist den Anfang eines neuen Gehorsams. „Dennoch ist für dieses Leben entschieden festzuhalten, dass der Mensch vor Gott allein aufgrund des Glaubens gerecht ist, d. h. die Vergebung der Sünden, die Versöhnung wie auch die Anrechnung der Gerechtigkeit empfängt." Aus dem Heidentum seien schließlich die Anrufung und Verehrung der Heiligen, die Erfindung des Fegefeuers, Opfer für Verstorbene und ebenso das Verbot der Ehe für Priester, Mönche und Nonnen in die Kirche eingedrungen. Dasselbe gelte im Blick auf die Verehrung von Bildern, Reliquien oder die Weihe von Wasser, Öl und Salz. Dagegen müsse unentwegt an das erste Gebot erinnert werden und an die Forderung, vor den Götzen zu fliehen. Das gelte selbst dann, wenn dadurch ein Schisma entstehe. Und unabdingbar bleibe die Forderung, der päpstlichen Gottlosigkeit den wahren, notwendigen und festen Trost des Wortes Gottes entgegenzusetzen. „Gottes Gebot: flieht die Götzen!, muss Vorrang haben vor der politischen Eintracht ebenso wie vor sämtlichen Annehmlichkeiten dieses sterblichen Lebens."

Die wiederholte Erinnerung auch in diesem Buch an die griechische Orthodoxie hat Melanchthon in derselben Zeit nicht nur zur Zurückweisung des Anspruchs Roms genutzt, allein die wahre Kirche zu sein. Er hat sich vielmehr bemüht, darüber hinaus direkte theologische Verbindungen mit Vertretern der Ostkirche anzuknüpfen. Eine Möglichkeit dazu sah Melanchthon aufgrund seiner Bekanntschaft mit dem aus Serbien stammenden Diakon Demetrios Mysos, den er einige Zeit in seinem Haus aufnahm. Demetrios hielt sich vermutlich in Wittenberg auf, um für den Ökumenischen Patriarchen Joasaph II. Informationen über die Reformation zu sammeln.[220] Ende September 1559 teilte Melanchthon einigen Freunden mit, er habe dem Patriarchen durch Demetrios zusammen mit einem Schreiben eine griechische Fassung des Augsburger Bekenntnisses übersandt. Die Übertragung hatte Paul Dölsch (Dolcius) gefertigt, Melanchthon unterzog sie jedoch einer intensiven Bearbeitung. Es ging ihm darum, neben neueren sachlichen Einsichten auch eine größere sprachliche Genauigkeit zu erreichen. Deshalb griff er auf die veränderte Fassung der CA (CA variata) zurück oder formulierte neu. Dabei ging es vornehmlich darum, die in der westlichen, lateinischen theologischen Tradition verwurzelten Lehraussagen der CA in die östliche, griechische Denkweise und Kultur zu übertragen. Melanchthon zog dafür verstärkt das griechische Neue Testament heran, schuf Neologismen in dieser Sprache oder verwandte ausführliche Umschreibungen anstelle der vorliegenden Definitionen.

Dieses Dokument hat den Patriarchen wahrscheinlich nie erreicht. Doch wesentlicher als der gescheiterte Versuch, die reformatorische Theologie in der Ostkirche zu verbreiten, erscheint Melanchthons ökumenische Intention. So selbstbewusst und mächtig die römisch-katholische Kirche auch auftrat: Sie war, wie ein Blick nach Griechenland zeigte, nicht die *eine*, weltumspannende Kirche. Und diese Erkenntnis vermittelte Selbstbewusstsein und Zuversicht.

Das Ende

Melanchthon hat also unmittelbar vor und nach seinem 63. Geburtstag noch einmal eine reiche theologische Ernte einfahren können: 1559 erschien die letzte von ihm überarbeitete Fassung der dritten Neuauflage seiner „Loci theologici". Er hatte diese, wie berichtet, im Anschluss an die Erfahrungen und Einsichten, die er in den Religionsgesprächen mit den Gegnern gemacht hatte, 1544 noch einmal umgearbeitet. Doch auch bei den Editionen, die danach faktisch in jedem Jahr in Wittenberg oder Leipzig herauskamen, handelte es sich in der Regel nicht einfach um Nachdrucke, sondern um kritisch durchgesehene und stets auch leicht veränderte Texte. Von der Zusammenstellung seiner Schriften zu einer Lehrnorm (Corpus doctrinae) war ebenfalls die Rede. Im Vorwort dazu schrieb Melanchthon am 16. Februar 1560, er hätte immer gewünscht, dass die vielfachen Wirren und die unterschiedlichen Meinungen, die aufgrund der Reformation entstanden, durch gelehrte und fromme Männer in einer nach Inhalt und Form einheitlichen Lehre zusammengefasst und weitergegeben würden. Dazu sei es leider nicht gekommen. So könne er nur hoffen, dass seine Anstrengungen und Arbeiten möglichst vielen Frommen und Gelehrten von Nutzen wären. Unfehlbar sei er gewiss nicht, aber jederzeit bereit, über seine Darlegungen Rechenschaft abzulegen. Die in diesem Corpus aufgenommenen „Antworten auf die Artikel der bayerischen Inquisition" nannte Melanchthon im Eingang seines einen Tag vor seinem Tod verfassten Testaments „mein letztes Bekenntnis gegen Papisten, Wiedertäufer, Flacianer und dergleichen".[221]

Todesgedanken beschäftigten ihn nun zunehmend. Er hinterließ einen Zettel aus dieser Zeit, auf dem er notiert hatte, warum er den Tod nicht fürchten müsse. Auf der linken Seite stand: „Du wirst von der Sünde erlöst sein, befreit von Sorgen und der Streitsucht der Theologen." Rechts davon war zu lesen: „Du wirst zum Licht kommen, Gott schauen und seinen Sohn durch Anschauung erkennen. Du wirst die wunderbaren Geheimnisse verstehen, die Du in diesem Leben nicht begreifen konntest: Warum wir so geschaffen sind, wie wir sind, und worin die Vereinigung der beiden Naturen in Christus besteht."[222]

Seit Ende März 1560 nahmen Melanchthons Kräfte sichtbar ab. Trotzdem reiste er zur jährlichen Prüfung von Stipendiaten der Theologie nach Leipzig. Dabei zog er sich eine schwere Erkältung zu. Seine Vorlesung über die Dialektik, die mehrere hundert Studenten hörten, musste Melanchthon deshalb am 8. April erschöpft abbrechen. Doch er arbeitete weiter, prüfte in Wittenberg, nahm an der Senatssitzung teil, erledigte seine Korrespondenz. Mattigkeit und Fieberanfälle zwangen ihn jedoch immer wieder, diese Tätigkeiten zu unterbrechen. Noch einmal schien sich sein Gesundheitszustand zu bessern. Aber am Morgen des 18. April wurde er ohnmächtig, und das Fieber stieg. Er betete zunächst noch laut. In Gegenwart der Kinder und Enkel sowie von Schülern und Freunden lasen Kollegen Melanchthon aus der Bibel vor. Mehr als hundert Studenten warteten auf der Straße vor dem Haus. Am Abend des 19. April 1560 schlief Melanchthon still ein.

Die Nachricht von seinem Tod gab Anlass zu vielen Würdigungen seines Lebens und Wirkens. Als besonders aufschlussreich darf die Äußerung Calvins gelten: „Oh Philipp Melanchthon, zu Dir, der Du jetzt bei Gott lebst, rufe ich, bis ich mit Dir in seliger Ruhe versammelt sein werde. Hundertmal hast Du gesagt, wenn Du, von Arbeit ermüdet und von Verdrießlichkeiten bedrückt, den Kopf freundschaftlich an meine Brust gelegt hast: Ach, ach wenn ich doch an dieser Brust sterben dürfte! Und ich habe nachher tausendmal gewünscht, es möge doch geschehen, dass wir beisammen wären. Gewiss wärst Du dann mutiger gewesen, Kämpfe zu bestehen, […] und beherzter, falsche Anschuldigungen für nichts zu achten."[223]

Unter großer Beteiligung der Bevölkerung wurde Melanchthon am Sonntag, dem 21. April 1560, im Chor der Schlosskirche in Wittenberg beigesetzt – Luther gegenüber und auf gleicher Höhe mit seinem Grabmal.

9. Das Vermächtnis

Durch Philipp Melanchthon erhielt die lutherische Reformation in Deutschland ihre Gestalt. Er formte sie in ihrem Denken, Argumentieren und insgesamt in ihrem Erscheinungsbild. Man mag darüber spekulieren, wie sich die von Luther angestoßene reformatorische Bewegung ohne das Wirken Melanchthons entwickelt hätte. Kaum bezweifeln lässt sich wohl, dass eine Dominanz der radikal gesinnten reformatorischen Theologen bis hin zu Flacius und den Gnesiolutheranern die Entwicklung zur Sekte befördert hätte.

Melanchthon trug entscheidend zur Konzeption wie auch der Realisierung einer Theologie bei, in der die reichen und vielgestaltigen Inhalte der „freien Künste" (artes liberales), also der Vorform der Philosophischen Fakultät, mit den Einsichten und Aussagen der Bibel, der kirchlichen Tradition sowie dem neuen reformatorischen Ansatz verbunden werden konnten. Zur Kenntnis der Sprachen und der klassischen Bildungsinhalte traten die Bekenntnisse und Lehraussagen einer wissenschaftlich betriebenen Theologie. In zahllosen Stellungnahmen, Voten und Gutachten, nicht zuletzt in seinen Vorlesungen und Büchern bis hin zu den Bekenntnisschriften hat Melanchthon zu beiden Bereichen, aber eben auch zu ihrer Verklammerung, Entscheidendes beigetragen. Davon war ausführlich die Rede. Hier ist nur noch einmal daran zu erinnern, dass Melanchthon sehr bewusst der Tatsache Rechnung trug, dass es sich beim Christentum um eine historisch vermittelte Religion handelt. Sie wird in Texten tradiert. Deshalb musste (und muss) sich die philologische, philosophische und theologische Arbeit auf das Verständnis der biblischen Texte konzentrieren und, in der Ableitung davon, auf die kritische Auslegung der kirchlichen Tradition, insbesondere der Kirchenväter. Diese Einsicht umschloss die klare Frontstellung gegen jede Dominanz des direkten, unvermittelten religiösen Erlebens. Nicht nur Melanchthon hat so geurteilt und an diesem Punkt eine dauerhafte Gefährdung seiner gesamten wissenschaftlichen Bemühungen gesehen. Von Luther ließe sich dasselbe berichten. Beide nannten die von ihnen verworfene und bekämpfte Einstellung „Schwärmerei". Melanchthon beklagte daneben die Faulheit von Studierenden, die sich den Anstrengungen, Griechisch und Hebräisch zu lernen, nicht unterziehen mochten, die stattdessen lieber nur vollmundig Theologie treiben wollten! Dagegen setzte er unermüdlich die Notwendigkeit der Sprachenkenntnis. Gottes Offenbarung erging eben nicht im luftleeren Raum, sondern in der Bindung an Völker, Kulturen und insofern an Sprachen. Nur wer mit ihnen vertraut war, vermochte zu begreifen, worum es in Gottes Gesetz wie auch im Evangelium ging – und wie man beide zu unterscheiden hätte.

Über diesen funktionalen Gesichtspunkt hinaus wusste Melanchthon, dass Sprache nicht nur auf der rationalen Ebene funktionierte, also Informationen transportierte, sondern gleichzeitig Emotionen zu wecken vermochte. Deshalb hob Melanchthon auch unentwegt die Bedeutung der Rhetorik hervor. Die Rede und der Vortrag, ebenso auch das Gespräch oder die Predigt wirkten über die intellektuelle Kommunikation hinaus sozialisierend, sie schufen Gemeinsamkeiten und Gemeinschaft.

Die Beschäftigung mit der biblischen Überlieferung im Kontext der klassischen Bildungsinhalte zielte auf Gestaltung, d. h. auf Praxis. Gestaltung bedeutete für Melanchthon immer auch die Wahrnehmung einer pädagogischen Aufgabe und Verantwortung. Das Ernstnehmen der Sprachlichkeit der Offenbarung bedeutete, dass Gott sich dem Denk- und Fassungsvermögen der Menschen zu verschiedenen Zeiten und in unterschiedlichen Regionen und Kulturen anpasste. Daraus erwuchs also die Verpflichtung, die reformatorische Botschaft in die eigene, gegenwärtige Zeit und Umwelt hinein zu vermitteln. Anders ausgedrückt: Theologen und Pfarrer hatten eine pädagogische Aufgabe. Es genügte eben nicht, die Menschen direkt mit der theologischen Wahrheit zu konfrontieren. Diese musste vielmehr den jetzt und hier Lebenden aufgeschlüsselt, verständlich gemacht werden, gerade für einfache Menschen.

Einen weiteren wesentlichen Gesichtspunkt im Wirken Melanchthons bildete die Hervorhebung des ökumenischen Charakters der Reformation: Hier ging es um die *eine* christliche katholische Kirche. Auch davon war ausführlich die Rede. Melanchthon hat diesen Grundsatz nicht nur proklamiert, sondern ihn zäh und unermüdlich nach den verschiedenen Seiten hin entfaltet und verteidigt. Missstände in der Kirche mussten abgestellt werden, Verirrungen und Verfälschungen gehörten korrigiert oder ausgeschieden, Verbesserungen in der Lehre, in den kirchlichen Gebräuchen und nicht zuletzt im Leben der Christen galt es durchzusetzen. Melanchthon wusste um die Bedeutung kirchlicher Lebensformen, der Zeremonien und Riten. Auch wenn er nie einen Zweifel daran aufkommen ließ, dass der reinen Lehre der Vorrang gebührte, waren jene Bräuche für ihn keineswegs irrelevant. Insofern bestimmten nicht nur äußere Zwänge während des Interims Melanchthons positive Einstellung zu Riten und Zeremonien. 1548 schrieb er: „Schon als Junge habe ich in der Kirche mit besonderem Vergnügen alle Riten beachtet und nichts ist meiner Natur so fremd wie jenes Zyklopenleben, das sich in keine Ordnung schicken will und allgemeine Formen wie ein Gefängnis hasst."[224]

Bei alledem hatte Melanchthon neben den altgläubigen Gegnern stets auch die eigenen Kreise im Blick. Immer wieder fragte er selbstkritisch, was die Anhänger der Reformation lassen müssten oder tun könnten, um an der Einheit der Kirche festzuhalten oder diese zurückzugewinnen. Wir haben gesehen, welche persönlichen Schwierigkeiten, sachliche Angriffe und theologische Schuldsprüche Melanchthon dadurch auf sich zog. Konfessionelle protestantische Theologen, denen die Aufspaltung der Kirche selbstverständlich geworden war, haben dann oftmals die Distanz zum Katholizismus geradezu zum Kriterium für die eigene Wahrheit gemacht. Melanchthon dachte, argumentierte und handelte grundlegend anders. Selbst bei schärfster Kritik an den kirchlichen Zuständen und mehr noch der falschen Lehre des römischen Katholizismus wollte er nicht von der Überzeugung lassen, dass es um die Erneuerung, die Reformation der *einen* Kirche Jesu Christi ging.

Dabei hat Melanchthon durchaus hinzugelernt. Lehnte er zunächst die Schweizer und die Oberdeutschen, die er lediglich als deren Gefolgsleute ansah, so entschieden wie kompromisslos ab, wandelte sich diese Auffassung seit den Dreißigerjahren. Wir haben gesehen, wie aus dem Gegner Martin Bucers ein Kampfgefährte wurde, wie eine Freundschaft zwischen Melanchthon und dem jungen Johannes Calvin entstand. Auch das Bemühen um Kontakte zur griechischen Orthodoxie gehört in diesen Kontext der Erweiterung des ökumenischen Blickwinkels. Dass eine solche Hinwendung zu anderen theologischen und kirchlichen Auffassungen die Überprüfung der eigenen Position umschloss, ohne dass darum sogleich von deren harmoniesüchtiger oder furchtsamer Preisgabe die Rede sein kann, sei nochmals unterstrichen.

Zum Ringen um die Einheit der Kirche gehörte für Melanchthon entscheidend der Kampf um das richtige Verständnis der kirchlichen Tradition. Auf diesem Feld sah er sich als Sieger. Deshalb konnte er die Kirchen der lutherischen Reformation so selbstbewusst als die Gestalt der wahren weltumspannenden Kirche verstehen, von der sich die Anhänger des Papsttums entfernt hatten oder sie sogar bekämpften. Die Bibel und die Kirchenväter belegten für Melanchthon eindeutig das Recht und die Wahrheit der Reformation.

Die sich anbahnende Trennung der lateinischen Westkirche in Konfessionen wollte Melanchthon nicht sehen. Unabhängig davon bleibt jedoch die Tatsache, dass das Reden von der Einheit der Kirche und das Bemühen darum nebulös und letztlich nichtssagend bleiben, wenn die kirchliche und theologische Tradition nicht wahrgenommen, immer wieder kritisch durchleuchtet, gelehrt und gelebt wird. Melanchthons Insistieren auf der Einheit der Kirche erinnert daran, dass die Kirchen der Reformation nicht 1517 oder an einem anderen Datum des 16. Jahrhunderts beginnen. Vielmehr handelt es sich bei ihnen um verschiedene Äste jenes Baumes, dessen Wurzeln die biblisch bezeugte Offenbarung Gottes bilden und dessen Stamm die daraus gewachsene kirchliche Tradition.

Hierin gründete auch jenes Kennzeichen des Denkens, Lehrens und Schreibens Melanchthons, über gewonnene Positionen und erarbeitete Formulierungen hinauszugehen. Er konnte nicht dabei stehen bleiben, weil neue Einsichten in die Überlieferung, veränderte aktuelle Situationen, Anfragen von Freunden oder die Konfrontation mit Gegnern genauere Erläuterungen verlangten, ausführlichere Begründungen oder differenziertere Urteile. Melanchthon änderte, erweiterte oder besserte jedoch nicht beliebig, sondern stets motiviert und vorangetrieben von dem Bestreben, den zentralen Artikel von Gottes Rechtfertigung des Menschen allein aufgrund des

Glaubens an die Heilstat Jesu Christi theologisch und pädagogisch treffender, einleuchtender und insofern überzeugender darzulegen. Darin erwies sich Melanchthon als Wissenschaftler, dass neue Einsichten wiederum neue, weiterführende Fragen und die entsprechenden Antwortversuche produzierten. Dieses Charakteristikum hat Melanchthon seiner Kirche eingeprägt. Er lehrte sie Rationalität, Maß, Ordnung, diszipliniertes Denken und Argumentieren.

Doch genau diese Zielsetzungen drängten dann zur Veränderung von theologischen Aussagen und folglich zu Umarbeitungen seiner Texte. Von den verschiedenen Fassungen der „Loci theologici" habe ich gesprochen, ebenso von Melanchthons späteren Korrekturen am Augsburger Bekenntnis und schließlich seinen Bemühungen, diese Theologie der griechischen Kirche zu vermitteln. Melanchthon sah sich herausgefordert, differenzierter über das Verhältnis des Willens Gottes und des menschlichen Willens zu reden, schärfer den forensischen Charakter der Rechtfertigung herauszuarbeiten (dass diese also allein auf dem Richterspruch Gottes basiert) und vorsichtiger von der Gegenwart Christi im Abendmahl zu sprechen. Massive Bekenntnissätze allein halfen nach seiner Überzeugung wenig. Denn sie stellten sich weder den Aufgaben des wissenschaftlichen Theologen, die Lehre der Kirche rational zu entfalten, noch nahmen sie die seelsorgerliche und pädagogische Verpflichtung des Predigers hinreichend wahr, die frohe Botschaft des Evangeliums in die Lebenswirklichkeit der Menschen hinein zu vermitteln.

Auf diesem Hintergrund leuchtet noch einmal ein, weshalb Melanchthon, wie geschildert, nicht zufällig auf dem Eigengewicht der „freien Künste", also von Bildung und Kultur im weitesten Sinn, neben der Theologie beharrte. Es ging um Wissensvermittlung und Erziehung für möglichst breite Schichten der Bevölkerung. Dazu gehörten die Einrichtung und der Unterhalt von Schulen, worauf Melanchthon unentwegt drängte. Dasselbe gilt für seine Bemühungen, möglichst vielen jungen Menschen, auch Mädchen, die Möglichkeit zu geben, eine Schule zu besuchen. Den jungen Menschen sollte ein Unterricht nach ihrer jeweiligen Befähigung geboten werden. Dazu gehörten dann auch die Reformen sowie Neugründungen von Universitäten im humanistisch-reformatorischen Geist.

Fraglos dominierte dabei eine ausgesprochen elitäre Einstellung. Melanchthon war neben den Lateinschulen vor allem am Auf- und Ausbau der Universitäten interessiert, besonders an den Lehrplänen und Dozentenstellen in der Artistenfakultät. Sein Ziel war die Heranbildung einer neuen, wissenschaftlich ausgebildeten Pfarrerschaft. Dazu mussten die angehenden Prediger – und das war neu – eine Universität besuchen und nach dem Grundstudium möglichst auch den Grad eines Magisters erwerben. Eine solche Betonung des Allgemeinwissens für Pfarrer erschien bereits damals und vollends späteren Generationen problematisch. Überwucherten diese weltlichen und noch dazu meist heidnischen Inhalte nicht die gebotene Konzentration auf die biblische Offenbarung? Nach allem, was wir bisher gehört haben, lagen solche Sorgen Melanchthon fern. Für sein Denken war es vielmehr selbstverständlich, dass Wissen, die Kenntnis der antiken Sprachen sowie Bildung insgesamt dem Menschen das Fragen nach Gott näher bringen müsste.

Hier ist daran zu erinnern, dass vielen Bürgern in den Reichsstädten oder den Beamten bzw. politischen Räten in den deutschen Territorialstaaten um 1500 das religiöse Angebot der alten Kirche offenkundig nicht mehr genügte. Ohne jetzt auf die Frage einzugehen, wie breit oder doch eher schmal diese Schicht war, die von ihrer Kirche mehr erwartete, artikulierten jene Menschen immerhin öffentlich ein Missvergnügen und bisweilen auch weiter reichende Erwartungen. Man wünschte, vereinfacht ausgedrückt, statt der

Messen und der Austeilung der Sakramente mitsamt allgemeinen moralischen Sprüchen die persönliche Anrede, religiös und geistig anspruchsvolle Antworten auf Lebens- und Glaubensfragen. Diesem Verlangen kam die reformatorische Theologie und Praxis mit der Verkündigung, der Predigt entgegen, basierend auf dem Verständnis des Wortes Gottes als der eigentlichen Form seiner Zuwendung zum Menschen. Diese Erkenntnis musste gestaltet werden. Und wieder war es Melanchthon, der dazu im Blick auf die Sprache wesentliche wissenschaftstheoretische Beiträge lieferte.

Wenn die Bürger von der Kirche mehr verlangten, mehr wissen wollten, als die Priester der alten Kirche zu geben vermochten, mussten die Prediger der Reformation in der Lage sein, den Fragenden und Suchenden auf Augenhöhe zu begegnen. Das erforderte, dass sie die gleiche Ausbildung erhielten und sich innerhalb des gleichen Bildungshorizontes bewegten. Dahinter stand Melanchthons Vision eines humanen und christlichen Menschenbildes, das es inmitten ebenso komplexer wie komplizierter Umbrüche in der Kirche und, davon ausstrahlend, in der Gesellschaft zu realisieren galt. Es ging hier um die „Lebenstüchtigkeit" des vorbildlichen Menschen und des idealen Pfarrers, „der als Theologe fähig sein soll, nach allen Regeln der Kunst bei seiner Sache zu sein und sagen zu können, worauf es ankommt, um nicht zuletzt in Kontroversen zu einem Urteil zu finden".[225] Es gibt gute Gründe, daran zu zweifeln, dass sich diese Intention Melanchthons so umfassend, wie er es wünschte, verwirklichen ließ. Falsch erscheint sie darum nicht. Man wird wohl auch an dieser Stelle eher von einem noch nicht abgegoltenen Vermächtnis Melanchthons sprechen können.

In Melanchthons Engagement für die Antike, für ihre Sprachen sowie für ein umfassendes oder doch zumindest breites Allgemeinwissen insbesondere der Pfarrer lebte – das war durchgängig zu erkennen – die Überzeugung, dass die Zuwendung zur Antike, zu ihren Erkenntnissen und ihrer Kultur die Menschlichkeit des Menschen beförderte. Deshalb trat er mit missionarischem Eifer für diese Ziele ein. Vor allem gebildete Persönlichkeiten sah Melanchthon in der Lage, anderen selbstbewusst, doch ohne Überheblichkeit zu begegnen. Denn wer nach Kenntnissen, nach Wissen und Bildung strebte, verwirklichte das Bild des Menschen so, wie Gott es wollte. Und eine solche Kultur machte fähig, auch bei anderen Menschen, in anderen Gesellschaften sowie vor allem in anderen Gruppen der Kirche Berechtigtes und Echtes zu sehen und anzuerkennen. Eine Kirche schließlich, die solchen humanen und kulturellen Werten in ihrer Mitte Raum gab und für sie überzeugend eintrat, vermochte Menschen anzuziehen und ihrer Humanität Stütze und Förderung zu geben.

Es ging Melanchthon mithin darum, dass das Evangelium in den geistig-kulturellen Zusammenhängen des Lebens gehört, verstanden und gelebt wurde. Das bedeutete nicht, dass das Evangelium auf diese Intellektuellen zuzuschneiden oder primär für sie zu verkünden wäre. Aber es sollte auf einer reflektierten Ebene beleuchten, was Menschsein im Licht der Offenbarung Gottes bedeutete. Zu dieser Humanität gehörten sowohl die Fähigkeit der Selbstbegrenzung des Menschen wie auch die freie Entfaltung seiner individuellen Begabung. Es ging um die Aufrichtung der stets bedrohten Würde des Menschen, die gehegt und gepflegt werden musste – auch wenn sie letztlich in der personalen Zusage des Evangeliums gründete. Treffend formuliert eine Zeitgenossin: „Weder durch eine Tat noch durch eine Untat, weder durch Hochleistung noch durch Fehlleistung können Menschen ihre Würde sichern oder verlieren, sie bleibt unberührt davon."[226]

Diese Aussage bleibt gültig. Von dem, was Melanchthon bewegte, lässt sich nichts einfach in unsere Zeit übertragen. Eine solche

Feststellung gilt nicht nur für Einzelheiten, sondern für das Ganze seines theologisch-kulturellen Konzepts. Wohl aber bleibt die Forderung Melanchthons als sein Vermächtnis, auch 450 Jahre nach seinem Tod, das Evangelium in die Mitte des geistigen, kulturellen und gebildeten Lebens zu rücken und dort seine Realität und Wirkmächtigkeit zu bezeugen und zu veranschaulichen. Dazu gehören dann auch Anfragen vom Evangelium her an Wissenschaft, Kultur und Bildung. Dann verbietet sich zugleich die Neigung der Kirche zu ihrer Selbst-Säkularisierung. Ist das zu hoch gegriffen?

Melanchthon war als Theologe ein Intellektueller. Er wollte Großes und setzte dafür vor allem auf die Macht des Wortes und die Kraft der Argumente. In der Welt der Bücher war er mehr zu Hause als in der Politik. Ihn zog die Stille des Studierzimmers stärker an als öffentliche Auseinandersetzungen. Trotzdem mühte er sich an seiner Stelle und mit seinen Fähigkeiten unermüdlich um das, was nach seiner Überzeugung die zentrale Bedeutung besaß: die systematische Entfaltung *und* die pädagogische Vermittlung der Offenbarung Gottes in Jesus Christus. Und diese Aufgabe bleibt.

Anmerkungen

1   Um den Apparat zu entlasten, nenne ich hier nur Verfasser und Erscheinungsjahr der Veröffentlichungen. Die ausführlichen Nachweise bietet das Literaturverzeichnis. Hier: Junghans, 1996, 166–170.

2   Ritschl, Bd. 1, 1882, 348f.; 647.

3   Ritschl, 1883, 12.

4   Zum hier nicht zu erörternden Einfluss Ritschls auf Holl vgl. Ohst, 2004, 19–50.

5   Holl, Bd. 1, 1948, 111–154, hier 128.

6   Troeltsch, 1909, 436.

7   Wolf, 1965, 52–81. Vgl. Kaufmann, 2007, 404–454. Die Zitate ebd., 427; 431f.; 433.

8   Vgl. z. B. Bornkamm, 1979, 254 u. ö.

9   Stupperich, 1960; Meinhold, 1960.

10   Vgl. zum Folgenden: Philipp Melanchthon 1997. Von den älteren Arbeiten: Stupperich, 1960; Maurer, Bd. 1, 1967. Einzelnes auch bei Pauli, 1997. In der Literatur kommen drei Schreibweisen vor: Schwarzert, Schwarzerdt und Schwartzerdt.

11   Zu Reuchlins überragendem Einfluss auf Melanchthon vgl. Maurer, Bd. 1, 1967, 14–170.

12   Rhein, 1967, 63–74.

13   Wetzel, 1997, 101–128.

14   Zit. bei Scheible, 1997, 25.

15   Vgl. zum Folgenden über die in Anm. 1 genannte Literatur hinaus Maurer, 1969; Meinhold, 1960; Kooiman, 1963. Hier: Kurfürst Friedrich an Reuchlin, 30.3.1518: Reuchlin, Briefwechsel, Nr. 252.

16   Reuchlin, Briefwechsel, Nr. 256.

17   Am 21.7.1518: Reuchlin, Briefwechsel, Nr. 264.

18   Acta Augustana: WA II, 13, 18ff.

19   An Wenzeslaus Link: WA Br I, 270, 12f. Vgl. auch Kirchner, 1983.

20   MStA III, 29–42. Zitat 33, 26ff. In der Literatur wird neben dem 28.8. irrtümlich häufig der 29.8. als Tag der Vorlesung genannt.

21 WA Br I, 192, 11.
22 Ebd., 361–363.
23 Ausführlicher Greschat, 1969.
24 Ich zitiere Melanchthons Werke möglichst nach der Studienausgabe (MStA). Hier: MStA I, 3–11.
25 Ebd., 23–25.
26 An Johannes Heß, Februar 1520: MBW T I, 167–176. Zitat: 170, 70ff.
27 CR XXI, 50.
28 WA V, 24f. Zitat: 25, 5ff.
29 CR XXI, 51.
30 Kooiman, 1963, 27f.; Pauli, 1997, 78–85.
31 MBW T I, 177–179. Zitat: 178, 38ff.
32 MStA I, 56–140. Ebd., 141–162: Adversus furiosum Parrisiensium Theologastrorum decretum Philippi Melanchthonis pro Luthero Apologia.
33 MStA II/1,7.
34 De servo arbitrio: WA XVIII, 601, 4ff.
35 WA Ti V, Nr. 5511.
36 An Melanchthon, 12.5.1521: WA Br II, 333, 18ff.
37 Am 27.12.1521: MBW T I, 417, 14ff.
38 Am 12.3.1523: MBW T II, 57f.
39 Necessarias esse ad omne studiorum genus artis dicendi, sive: Enco mium eloquentiae: MStA III, 43–62.
40 Am 23.2.1523: MBW T II, 52f.
41 WA XV, 27–53.
42 WA Br III, 258f.
43 Am 22.1.1525: MBW T II, 239–241. Zitat: 240, 20ff.
44 April 1523 (?): CR I, 613.
45 MBW T II, Nr. 324. Zitat: 134, 4ff.
46 Ausführlich dazu Schneider, 1997.
47 MStA I, 179–189.
48 Ebd., 171–175.
49 Ausführlich Augustijn, 1986.
50 Wegen der leichteren Zugänglichkeit zitiere ich nach Welzig, Ausgewählte Schriften. Hier Bd. 1, 55–375. Zitat 240f.
51 Luther über Erasmus: An Spalatin, 19.10.1516 (WA Br I, 70 f.); an Lang, 1.3.1517 (ebd., 90, 15ff.).
52 CR XIV, 1054.
53 Erasmus, Bd. IV, 1–195.
54 10. 12. 1524: Allen V, Nr. 1523.
55 WA XVIII, 600–787; Martin Luther, Ausgewählte Werke, Erg. Reihe, Bd. 1. Danach zitiert: 11. 16.

56 Kooiman, 1963, 75.

57 Hyperaspistes diatribae adversus servum arbitrium Martini Lutheri. In: Erasmus, Bd. IV, 197–675.

58 MStA IV, 209–303, besonders 230–243 (zu Kol 2, 8).

59 MStA I, 252, 7–253, 4.

60 Flugschriften, 1970, 9–14.

61 WA XVIII, 279–334.

62 Ebd., 344–361.

63 An Camerarius, 15./16.4.1525: MBW T II, 285–288.

64 Zur Disputation: Koehn, 1983; zum Gutachten: MStA I, 190–214.

65 MStA I, 208, 10ff.; 206, 14ff.

66 An Daniel Mauch, 10.10.1525: Allen VI, 199, 11ff.

67 MBW T II, 323–329.

68 Ausführlich Neuser, 1968.

69 Z III, bes. 773–820.

70 Z IV, 773–862.

71 WA XIX, 474–523.

72 An Camerarius, 3.1.1525: MBW T II, 235f.

73 Ebd., 236–239.

74 23.1.1525: ebd., 241–244.

75 Mirbt, Nr. 421.

76 Materialreich hierzu: Hartfelder, 1889; Stempel, 1979.

77 Ratio statuendarum lectionum iudicio Ph. Melanchthonis, 1523: Vgl. MBW T II, Nr. 272, 2.

78 MSuppl V/1, 20–56.

79 Ebd., 56. Vgl. Koepplin, 2008.

80 MStA II/1, 4, 10ff.

81 MSuppl V/1, 3–19.

82 MStA III, 44–62.

83 Ebd., 59, 17f.

84 Ebd., 61, 28 ff. Vgl. zum Folgenden auch Marquard, 1997.

85 MSuppl V/1, 373.

86 MStA III, 63–69. Zitat 67, 34ff.

87 CR XXVI, 7–28.

88 MBW T III, 130–137. Zitat: 131, 12ff.

89 Ausführlicher Wengert, 2000.

90 An Spalatin, nach dem 19.10.1527 (MBW T III, 183f.), an Camerarius, 23.10.1527 (ebd., 185–188).

91 An Melanchthon, 27.10.1527 (WA Br IV, 271–273).

92 MStA I, 215–271.

93 15.3.1529: MBW T III, 456, 7ff.

94 RA 7/2, 1128–1136.

95 Vgl. dazu oben, 69f.

96 Vgl. dazu etwa an Jonas, 11.6.1529: MBW T III, 528, 25ff.

97 Ebd., 474–480.

98 RA, 7/2, 1273–1288. Zitate 1277, 29ff.; 1283, 16ff.

99 MStA I, 296–300. Zitate ebd., 299, 2ff.; 297, 27ff.

100 Oekolampad II, Nr. 680.

101 An den Kurfürsten, 18.5.1528: MBW T III, 321, 22ff.

102 An Hieronymus Baumgartner, ca. Anfang März 1530: MBW T IV/1, 65, 17ff.

103 Diese dann als Schwabacher Artikel bezeichneten Sätze (siehe unten) sind leicht greifbar in der Zuordnung zu den entsprechenden Artikeln des Augsburger Bekenntnisses in: BSELK, 52–72.

104 MBW T III, 500–502.

105 Der Text in BSEKL (wie Anm. 103).

106 Förstemann, I, 1–9. Zitat: 8.

107 WA Br V, 263–265. Zitat: 264, 25ff.

108 Gutachten für den Kurfürsten, ca. 27.3.1530: MBW T IV/1, 95-109. Materialien im roten Koffer: Förstemann I, 137f.

109 BSELK, 35–39.

110 Ebd., 39–43.

111 Ebd., 44–49.

112 An Luther, 25. und 26.6.1530: MBW T IV/1, 257–261; 264–266.

113 Ebd., 319–326. Zitat: 324, 18ff.

114 Confutatio, 206, 4ff.

115 MBW T IV/2, 580–582. Zitat 581, 8ff.

116 Ebd., 631–638.

117 BSELK, 44–137.

118 WA Br V, 319f. Zitat: 319, 5ff.

119 WA XXX/2, 64–69. Zitat: 68, 9ff.

120 WA Br V, 435f. Zitat: 435, 4f.

121 Ebd., 405–408. Zitat: 406, 45f.

122 Ebd., 405, 17ff.

123 WA XXXII, 132, 22ff.

124 BSELK, 139–404. Ausführlich Peters, 1997.

125 Ebd., 158, 26ff.

126 Ebd., 181, 14ff.

127 Ebd., 230, 54ff.

128 Ausführlicher dazu Greschat, 1965, bes. 115–150.

129 28.7.1531: MBW T V, 146f. Zitat 147, 6ff.

130 12.5.1531: 104–112. Hier 110, 32ff.

131 Commentarii in epistolam Pauli ad Romanos, recens scripti. Wittenberg 1532.

132 WA Br V, 661–664. Zitat: 662, 6ff.

133 BSELK, 247, 46ff.

134 Ausführlicher Haug-Moritz, 2002.

135 Brief an Bellay: CR II, 739f.; Gutachten für Franz I.: Consilium Gallis scriptum: ebd. 743–766 (766–775).

136 Ebd., 745.

137 Schreiben an Bucer, 1.8.1543: MBW T VI, 170–173; Einladung nach Paris durch Johannes Sturm, 6.3.1535: ebd., 317–321.

138 Ebd., 556–558, 25.12.1535. Vgl. auch ebd., 425–428; 428–431; 431–434; 435–437. Ausführlicher McEntegarth, 2002.

139 Vorrede zu den Loci 1535: MBW T VI, 332–340; 323–328 (13.3.1535); an Cranmer, 17.8.1535, ebd., 420–422; an Heinrich VIII, 424. Luthers Fürsprache: an Brück, 12.9.1535, WA Br VII, 267–269.

140 Luther an Philipp von Hessen, 17.12.1534: ebd., 128. Zur Instruktion Luthers: WA XXXVIII, 294–310.

141 BDS VI/1, 71, 25ff.

142 Ebd., 154, 1ff.

143 CR XXI, 346.

144 Ebd., 342.

145 24.8.1535: MBW T VI, 427, 37f.

146 3.2.1535: Ebd., 298, 26ff.

147 CR XI, 324–342. Ausführlicher Greschat, 1965, 217–247. Vgl. auch Wengert, 2000.

148 Cordatus an Cruciger, 10.9.1536: CR III, 161.

149 Kolde, 1883, 264–266. Vgl. auch WA XXXIX/1, 96, 1ff.; 98, 16ff.

150 MBW T VII, 262–264: 1.11.1536.

151 Bindseil, 1874, 344–348.

152 BSELK, 405–468.

153 Ebd., 464, 1ff.

154 Ebd., 469–498.

155 MStA I, 323–386. Zitat 385, 12ff.

156 MBW T IX, 65–84. Materialreich hierzu und zum Folgenden Janssen, 2009.

157 MStA VI, 12–79. Ausführlicher zum Abendmahlsartikel Seebass, 2001.

158 28.5.1541: CR IV, 346.

159 Philipps Bericht über die Unterredung mit dem Kaiser: Lenz III, 75–81. Melanchthons Angebot seines Rücktritts: CR IV, 318–321.

160   CR IV, 541–552.

161   Die erstgenannte Schrift: BDS XI/1, 133–144; Melanchthons Buch:
       Responsio Philippi Melanthonis Ad Scriptum quorundam delecto-
       rum a Clero Secundario Coloniae Agrippinae: StA VI, 381–421.

162   „Einfältiges Bedenken": BDS XI/1, 147–432.

163   An Brück, WA Br X, 618, 22ff. Vgl. auch ebd., 615–617.

164   CR V, 578–606.

165   Lateinisch und deutsch. Diese Fassung in MStA I, 412–448. Zitat 448, 25ff.

166   CR VI, 122–124. Vgl. auch ebd., 190–197; 356–362.

167   Ausführlich Peterson, 1990.

168   Zit. bei Scheible, 1997, 166. Die lateinische Leichenrede Melanchthons:
       CR XI, 726–734.

169   26.4.1547 (aus Zerbst) an Veit Örtel: CR VI, 512f.

170   14.10.1547 an Moritz: ebd., 610f.; dessen Zusage für Wittenberg ebd.;
       Melanchthons Stellungnahme gegen das Trienter Konzil: 14.10.1547,
       ebd., 795–799.

171   Besonders aufschlussreich: Wartenberg, 1988; Mehlhausen, 1996;
       Olson, 2002; Kaufmann, 2003.

172   CR VI, 839–842. Zitat: 841.

173   Ebd., 865–874.

174   Ebd., 879–885. Zitat: 880.

175   Ebd., 924–942.

176   CR VII, 12–45.

177   Am 31.7.1548: ebd., 84–87.

178   Vgl. ebd., 108–113; 115–117; 117–119. Zitat: 119.

179   Ebd., 126f. Die Antwort des Kurfürsten vom 31.10. ebd., 127f.

180   Vgl. ebd., 215–221.

181   Ebd., 258–264. Zitat 259. Zum Votum der Theologen: ebd., 267–270.

182   Grundlegend Kaufmann, 2003. Das folgende Zitat ebd., 82f., Anm. 151.

183   20.10.1549: MBW R V, 527–529.

184   CR VII, 477–482.

185   Ebd., 426–428.

186   Zit. bei Mehlhausen, 1996, 181.

187   CR VII, 167.

188   Zit. bei Kaufmann, 2003, 238f. Das folgende Zitat ebd., 437.

189   MBW R V, 485.

190   Zit. in der Konkordienformel, Artikel X: BSELK 1053–1063, bes. 1057.

191   Anfrage vom 3.4.1549: CR VII, 366–382. Antwort vom 16.4. ebd., 382–386.

192   Zit. bei Olson, 2002, 156.

193   Vgl. CR VIII, 841f., ferner Kapitel 8, S. 167.

194 StA VI, 80–167.

195 Die folgenden Zitate ebd., 90, 7ff.; 97, 19ff.; 101, 6ff.; 138, 9ff.; 166, 14ff.

196 Zit. bei Pauli, 1997, 306.

197 MBW R VII, 77. Vgl. auch MacCulloch, 1996, bes. 517ff., sowie Skidmore, 2007.

198 Zum Folgenden besonders Lohse, 1989, 102–134. Zu Osiander: Stupperich, 1973.

199 MStA VI, 452–461. Zitat 459, 14ff.

200 CR VIII, 282–292. Zu Osiander ebd., 286–288. Zitat 288.

201 Zit. bei Lohse, 1989, 115.

202 CR IX, 489–507. Zitat 497.

203 Zit. bei B. Lohse, 1989, 122, Anm. 7.

204 Zit. ebd., 124.

205 „Bedenken auf das Weimarische Confutation-Buch, an Kurfürst August von Sachsen gesandt": CR IX, 763–775. Zitat 768.

206 An Calvin, 14.10.1554: CR VIII, 362f.

207 CR IX, 15–18.

208 Judicium de controversia de coena Domini: MStA VI, 482–486.

209 CR VIII, 908–910.

210 Vgl. oben, Kap. 7, S. 155. Melanchthon an Flacius, 5.9.1556: CR VIII, 839–844. Zitat 844. Schreiben von Flacius an Melanchthon: 1.9.1556: MBW R VII, 477f.; 16.9.1556: ebd., 484–486.

211 Formula Consensus de articulis quibusdam: CR IX, 365–372. Zitat 372.

212 Zit. bei Stupperich, 1960, 121.

213 MStA I, 387–410: De Officio principum, quod mandatum Dei praecipiat eis tollere abusus Ecclesiasticos. Zitat 400, 31ff.

214 MStA II/2, 727, 20ff.

215 CR IX, 489–507.

216 Ebd., 989–993. Zur Entstehung der Konkordienformel: BSELK, XX XII–XLII.

217 Außer der Apologie sowie den Loci letzter Hand (in MStA II/1, 164ff. und II/2) finden sich diese Texte in MStA VI, 5–364.

218 Responsio ad criminationes Staphyli et Avii: MStA VI, 462–481. Zitate: 464, 23ff.; 472, 17ff.; 478, 38ff.

219 „Antwort", vgl. Anm 217. Hier: MStA VI, 278–364. Zitate: 295, 5ff.; 311, 25ff.; 325, 6ff.; 364, 17f. Ausführlicher Kolb, 2005.

220 Ausführlicher Kretschmar, 1977, 11–39. Zur weiteren Entwicklung: Wendebourg, 1986.

221 CR IX, 1098–1100.

222 Zit. bei Stupperich, 1960, 126.

223 Zit. bei Busch, 2005, 138.
224 An Carlowitz, 28.4.1548: CR VI, 879–884, Zitat 883.
225 Bayer, 1990, 218–243. Zitat 229.
226 Schmoll, 2008, 72.

Abkürzungen

AC	Apologia Confessionis (Augustanae)
BDS	Martin Bucers Deutsche Schriften. Hg. von R. Stupperich u. a. Gütersloh 1960ff., bisher 18 Bde.
BSELK	Bekenntnisschriften der Evangelisch-Lutherischen Kirche. 4. Aufl. Göttingen 1959.
CA	Confessio Augustana
CR	Corpus Reformatorum: Philippi Melanthonis Opera. Hg. von C. G. Bretschneider. 28 Bde., Halle/Saale 1834–1860.
MBW R	Melanchthons Briefwechsel. Kritische und kommentierte Gesamtausgabe. Hg. von H. Scheible. Regesten: 12 Bde., Stuttgart 1977–2005.
MBW T	Melanchthons Briefwechsel. Kritische und kommentierte Gesamtausgabe. Hg. von H. Scheible u. a. Texte: Stuttgart 1991ff., bisher 9 Bde.
MStA	Melanchthons Werke in Auswahl. Hg. von R. Stupperich u.a. 7 Bde, Gütersloh1951–1975.
SM	Melanchthon, Philipp: Supplementa Melanchthoniana. Bd. 5/1: Schriften zur Praktischen Theologie. Hg. von F. Cohrs, Leipzig 1915.
WA	D. Martin Luthers Werke. Kritische Gesamtausgabe. Weimar 1883ff.
WABr	D. Martin Luthers Werke. Kritische Gesamtausgabe. Briefwechsel. Hg. von O. Clemen u. a. 16 Bde., Weimar 1930–2002.
WATi	D. Martin Luthers Werke. Kritische Gesamtausgabe. Tischreden. 6 Bde., Weimar 1912–1967.
Z	Huldreich Zwinglis Sämtliche Werke. Leipzig-Zürich 1905ff., bisher14 Bde.

Quellen und Darstellungen
(Auswahl)

Allen, P. S.: siehe: Erasmus, Opus Epistolarum.

Arnold, Matthieu/Decot, Rolf (Hg.): Frömmigkeit und Spiritualität. Auswirkungen der Reformation im 16. und 17. Jahrhundert. Mainz 2002.

Augustijn, Cornelis: Erasmus von Rotterdam. Leben – Werk – Wirkung. München 1986.

Bayer, Oswald: „Die Kirche braucht liberale Erudition". Das Theologieverständnis Melanchthons. In: Kerygma und Dogma 36. 1990, 218–243.

Bekenntnisschriften der Evangelisch-Lutherischen Kirche. 4. Aufl. Göttingen 1959. (BSELK)

Benga, Daniel: Philipp Melanchthon und der christliche Osten. Bis heute unbekannte Begegnungen Melanchthons aus den Jahren 1541 und 1556 mit orthodoxen Christen. In: Orthodoxes Forum 2002, 19–38.

Beyer, Michael/Wartenberg, Günther (Hg.): Humanismus und Wittenberger Reformation. Leipzig 1996.

Bindseil, H. E.: siehe: Melanchthon, epistolae, iudicia.

Bornkamm, Heinrich: Martin Luther in der Mitte seines Lebens. Göttingen 1979.

Bucer: Martin Bucers Deutsche Schriften. Hg. von R. Stupperich u. a. Gütersloh 1960ff., bisher 18 Bde. (BDS)

Busch, Eberhard: Gotteserkenntnis und Menschlichkeit. Einsichten in die Theologie Johannes Calvins. Zürich 2005.

Confutatio der Confessio Augustana vom 3. August 1530. Bearbeitet von H. Immenkötter. Münster 1979.

Deutsche Reichstagsakten unter Kaiser Karl V. Bd. 7, Stuttgart 1935 (RA).

Dingel, Irene: Bekenntnis und Geschichte. Funktion und Entwicklung des reformatorischen Bekenntnisses im 16. Jahrhundert. In: J. Loehr (Hg.), Dona Melanchthoniana, 61–81.

Dingel, Irene: „Der rechten lehr zuwider". Die Beurteilung des Interims in ausgewählten theologischen Reaktionen. In: L. Schorn-Schütte (Hg.), Das Interim, 292–311.

Erasmus: Opus Epistolarum Desiderii Erasmi Roterodami. Hg. von P. S. Allen. 12 Bde., Oxford 1906–1958.
Erasmus von Rotterdam. Ausgewählte Schriften. Lateinisch und deutsch. Hg. von W. Welzig. 8 Bde., Darmstadt 1968–1980.

Flugschriften des Bauernkrieges. Hg. von K. Kaczerowsky. Reinbek bei Hamburg 1970.
Förstemann, Karl Eduard (Hg.): Urkundenbuch zu der Geschichte des Reichstages zu Augsburg im Jahre 1530. 2 Bde. (1833/35), Nachdruck Osnabrück 1966.
Frank, Günter (Hg.): Der Theologe Melanchthon. Stuttgart 2000.
Frank, Günter: Die theologische Philosophie Melanchthons (1497–1560): Ein Plädoyer zur Rehabilitierung des Humanisten und Reformators. In: Kerygma und Dogma 42. 1996, 22–36.
Frank, Günter/Köpf, Ulrich (Hg.): Melanchthon und die Neuzeit. Stuttgart 2003.
Friedensburg, Walter: Der Reichstag zu Speyer 1526. Nachdruck Nieuwkoop 1970.

Greschat, Martin: Martin Bucer. Ein Reformator und seine Zeit (1491–1551). 2. Aufl. Münster 2009.
Greschat, Martin: Melanchthon neben Luther. Studien zur Gestalt der Rechtfertigungslehre zwischen 1528 und 1537. Witten 1965.
Greschat, Martin: Philipp Melanchthon – ein Intellektueller, Pädagoge und Christ. In: R. Friedrich/K. A. Vogel (Hg.), 500 Jahre Philipp Melanchthon (1497–1560), Wiesbaden 1998, 11–25.
Greschat, Martin: Renaissance und Reformation. In: Evangelische Theologie 29. 1969, 645–662.

Hammer, Wilhelm: Die Melanchthonforschung im Wandel der Jahrhunderte. 4 Bde., Gütersloh 1967–1996.
Hannemann, Kurt: Reuchlin und die Berufung Melanchthons nach Wittenberg. In: M. Krebs (Hg.), Johannes Reuchlin, 108–138.
Hartfelder, Karl: Philipp Melanchthon als Praeceptor Germaniae, Berlin 1889.
Haug-Moritz, Gabriele: Der Schmalkaldische Bund 1530–1541/42. Eine Studie zu den genossenschaftlichen Strukturelementen der politischen Ordnung des Heiligen Römischen Reiches Deutscher Nation. Leinfelden-Echterdingen 2002.

Hillerbrand, Hans J.: The Division of Christendom. Christianity in the Sixteenth Century. Louisville-London 2007.

Hövelmann, Hartmut: Braucht Glaube Bildung? Braucht Bildung Glaube? In: Luther. Zeitschrift der Luther-Gesellschaft 69. 1998, 40–44.

Holl, Karl: Die Rechtfertigungslehre in Luthers Vorlesung über den Römerbrief mit besonderer Berücksichtigung auf die Frage der Heilsgewissheit. In: Ders., Gesammelte Aufsätze zur Kirchengeschichte. Bd. 1: Luther. 7. Aufl. Tübingen 1948, 111–154.

Honnée, Eugène: Kontinuität und Konsistenz der katholischen Concordiapolitik während des Augsburger Reichstags 1530. In: H. Immenkötter/G. Wenz (Hg.), Im Schatten der Confessio Augustana, 84–97.

Immenkötter, Hermann/Wenz, Günther (Hg.): Im Schatten der Confessio Augustana. Die Religionsverhandlungen des Augsburger Reichstages 1530 im historischen Kontext. Münster 1997.

Janssen, Wibke: „Wir sind zum wechselseitigen Gespräch geboren". Philipp Melanchthon und die Religionsgespräche von 1540/41.Göttingen 2009.

Junghans, Helmar: Der junge Luther und die Humanisten.Weimar 1984.

Junghans, Helmar: Martin Luther und Wittenberg. München 1996.

Junghans, Helmar: Das Melanchthonjubiläum 1997. Teil 1. In: Luther-Jahrbuch 67. 2000, 95–162.

Junghans, Helmar: Philipp Melanchthon als theologischer Sekretär. In: Günther Frank (Hg.), Der Theologe Melanchthon, 129–152.

Junghans, Helmar: Das Theologieverständnis von Martin Luther und Philipp Melanchthon. In: J. Loehr (Hg.), Dona Melanchthoniana, 193–210.

Kaufmann, Thomas: Das Ende der Reformation. Magdeburgs „Herrgotts Kanzlei" (1548–1551/52). Tübingen 2003.

Kaufmann, Thomas: Evangelische Reformationsgeschichtsschreibung nach 1945. In: Zeitschrift für Theologie und Kirche 104. 2007, 404–454.

Kirchner, Hubert: Luther und das Papsttum. In: H. Junghans (Hg.), Leben und Werk Martin Luthers von 1526–1546. Berlin 1983, 441–456; 871–874.

Koch, Ernst: Aktenstücke zur Visitation in Thüringen 1528/29 als Ergänzung zum Briefwechsel Melanchthons und Myconius'. In: Herbergen der Christenheit 1987/88, 53–59.

Koch, Ernst: Theologische Aspekte der ernestinischen Reaktionen auf das Interim. In: L. Schorn-Schütte (Hg.), Das Interim, 312–330.

Koehn, Horst: Philipp Melanchthons 24 Thesen zum Bauernkrieg. In: Luther-Jahrbuch 50. 1983, 25–35.

Koepplin, Dieter: Cranachs Bilder der Caritas im theologischen und humanistischen Geiste Luthers und Melanchthons. In: Cranach der Ältere. Ausstellungskatalog. Frankfurt a. M. 2008, 63–79.

Kolb, Robert: Melanchthon's Doctrinal Last Will and Testament: The Responsiones ad articulos Bavaricae inquisitionis as His Final Confession of Faith. In: Sixteenth Century Journal 36. 2005, 97–114.

Kolde, Th. (Hg.): siehe Luther, Analecta Lutherana.

Kooiman, Willem Jan: Philippus Melanchthon. Amsterdam 1963.

Krebs, Manfred: Reuchlins Beziehungen zu Erasmus von Rotterdam. In: M. Krebs (Hg.), Johannes Reuchlin (1455–1522). 2. Aufl. Sigmaringen 1994, 139–155.

Kretschmar, Georg: Die Confessio Augustana graeca. In: Kirche im Osten 20. 1977, 11–39.

Kurig, Hans: Philipp Melanchthon über sich und Martin Luther. Was schrieb Melanchthon im April 1548 an Christoph von Karlowitz? In: Luther-Jahrbuch 67. 2000, 51–60.

Lenz, Max (Hg.): Briefwechsel Landgraf Philipp's des Großmüthigen von Hessen mit Bucer. 3 Bde., Leipzig 1880–1891.

Loehr, Johanna (Hg.): Dona Melanchthoniana. Festgabe für Heinz Scheible zum 70. Geburtstag. Stuttgart-Bad Cannstatt 2001.

Lohse, Bernhard: Innerprotestantische Lehrstreitigkeiten. In: C. Andresen (Hg.), Handbuch der Dogmen- und Theologiegeschichte. Bd. 2, Nachdruck Göttingen 1989, 102–134.

Lohse, Bernhard: Philipp Melanchthon in seinen Beziehungen zu Luther. In: H. Junghans (Hg.), Leben und Werk Martin Luthers von 1526 bis 1546. Berlin 1983, 403–418; 860–863.

Luther, Martin: Analecta Lutherana. Briefe und Aktenstücke zur Geschichte Luthers. Hg. von Th. Kolde. Gotha 1883.

Luther, Martin: Ausgewählte Werke. Hg. von H. H. Borcherdt/G. Merz. Ergänzungsreihe, Bd. 1. 3. Aufl. München 1954.

Luther, Martin: D. Martin Luthers Werke. Kritische Gesamtausgabe. Weimar 1883ff. (WA)

Luther, Martin: D. Martin Luthers Werke. Kritische Gesamtausgabe. Briefwechsel. Hg. von O. Clemen u. a. 16 Bde., Weimar 1930–2002. (WABr)

Luther, Martin: D. Martin Luthers Werke. Kritische Gesamtausgabe. Tischgespräche. 6 Bde, Weimar 1912–1967. (WATi)

MacCulloch, Diarmaid: Thomas Cranmer. New Haven 1996.

MacCulloch, Diarmaid: The Reformation. A History. New York 2004.

Mager, Inge: „Es ist nicht gut, dass der Mensch allein sei" (Gen. 2, 18). Zum Familienleben Philipp Melanchthons. In: Archiv für Reformationsgeschichte 81. 1990, 120–137.

Marquard, Reiner: Philipp Melanchthon und Mathias Grünewald. In: Zeitschrift für Kirchengeschichte 108. 1997, 295–308.

Maurer, Wilhelm: Der junge Melanchthon. Bd. 1: Der Humanist. Göttingen 1967. Bd. 2: Der Theologe. Göttingen 1969.

McEntegart, Rory: Henry VIII, the League of Schmalkalden and the English Reformation. Woodbridge/Suffolk 2002.

Mehlhausen, Joachim (Hg.): Das Augsburger Interim. 2. Aufl. Neukirchen-Vluyn 1996.

Meinhold, Peter: Philipp Melanchthon. Der Lehrer der Kirche. Berlin 1960.

Melanchthon, Philipp: Melanchthons Briefwechsel. Kritische und kommentierte Gesamtausgabe. Hg. von H. Scheible u. a. Regesten: 12 Bde., Stuttgart 1977–2005 (MBW R); Texte: Stuttgart 1991ff., bisher 9 Bde. (MBW T)

Melanchthon, Philipp: Corpus Reformatorum: Philippi Melanthonis Opera. Hg. von C. G. Bretschneider. 28 Bde, Halle/Saale 1834–1860. (CR)

Melanchthon, Philipp: Philippi Melanchthonis epistolae, iudicia, consilia, testimonia aliorumque ad eum epistolae, quae in Corpore Reformatorum desiderantur. Hg. von H. E. Bindseil. Halle/Saale 1874.

Melanchthon, Philipp: Supplementa Melanchthoniana. Bd. V/1: Schriften zur Praktischen Theologie. Hg. von F. Cohrs. Leipzig 1915. (SM)

Melanchthon, Philipp: Melanchthons Werke in Auswahl [Studienausgabe]. Hg. von R. Stupperich. 7 Bde., Gütersloh 1951–1975. (MStA)

Mirbt, Carl (Hg.): Quellen zur Geschichte des Papsttums und des Römischen Katholizismus. 6. Aufl. Tübingen 1967.

Neuser, Wilhelm: Die Abendmahlslehre Melanchthons in ihrer geschichtlichen Entwicklung (1519–1530). Neukirchen-Vluyn 1968.

Nischan, Bodo: Die Interimskrise in Brandenburg. In: L. Schorn-Schütte (Hg.), Das Interim, 255–273.

Oekolampad, Johannes: Briefe und Akten zum Leben Johannes Oekolampads. Hg. von E. Staehelin. 2 Bde., Leipzig 1927–1934.

Oestmann, Guenther: Johannes Stoeffler, Melanchthons Lehrer in Tübingen. In: Philipp Melanchthon in Südwestdeutschland, 75–86.

Ohst, Martin: Die Lutherdeutungen Karl Holls und seiner Schüler Emanuel Hirsch und Erich Vogelsang vor dem Hintergrund der Lutherdeutung Albrecht Ritschls. In: R. Vinke (Hg.), Lutherforschung im 20. Jahrhundert. Mainz 2004, 19–50.

202

Olson, Oliver K.: Matthias Flacius and the Survival of Luther's Reform. Wiesbaden 2002.

Pauli, Frank: Philippus. Ein Lehrer für Deutschland. Spuren und Wirkungen Philipp Melanchthons. 2. Aufl. Berlin 1997.

Peters, Christian: „Er hats immer wollen besser machen..." Melanchthons fortgesetzte Arbeit am Text der lateinischen Apologie auf und nach dem Augsburger Reichstag von 1530. In: H. Immenkötter/G. Wenz (Hg.), Im Schatten der Confessio Augustana, 98–126.

Peters, Christian: Melanchthon und Brenz. Eine Freundschaft in Briefen. In: J. Loehr (Hg.), Dona Melanchthoniana, 277–311.

Peterson, Luther D.: Justus Menius, Philipp Melanchthon and the 1547 Treatise „Von der Notwehr Unterricht". In: Archiv für Reformationsgeschichte 81. 1990, 138–157.

Philipp Melanchthon in Südwestdeutschland. Bildungsstationen eines Reformators. Karlsruhe 1997.

Pohlke, Reinhard: Melanchthon und sein Griechischlehrer Georg Simler. Zwei Vermittler des Griechischen in Deutschland. In: Philipp Melanchthon in Südwestdeutschland, 39–62.

Probst, Veit: Melanchthons Studienjahre in Heidelberg. In: Philipp Melanchthon in Südwestdeutschland, 19–38.

Rabe, Horst: Zur Interimspolitik Karls V. In: L. Schorn-Schütte (Hg.), Das Interim, 127–146.

Rädle, Fidel: Lateinisch und evangelisch: Melanchthon als christlicher Humanist. Göttingen 1997.

Reuchlin, Johannes: Briefwechsel. Hg. von L. Geiger. Nachdruck Hildesheim 1962.

Rhein, Stefan: Buchdruck und Humanismus. Melanchthon als Korrektor in der Druckerei des Thomas Anshelm. In: Philipp Melanchthon in Südwestdeutschland, 63–74.

Ritschl, Albrecht: Die christliche Lehre von der Rechtfertigung und Versöhnung. Bd. 1, 2. Aufl. Bonn 1882.

Ritschl, Albrecht: Festrede am vierten Seculartage der Geburt Martin Luthers am 10. November 1883 vor der Georg-August-Universität. Göttingen 1883.

Scattola, Merio: Widerstandsrecht und Naturrecht im Umkreis von Philipp Melanchthon. In: L. Schorn-Schütte (Hg.), Das Interim, 459–487.

Scheible, Heinz: Melanchthon. Eine Biographie. München 1997.

Scheible, Heinz: Melanchthons Bildungsprogramm. In: Blätter für Pfälzische Kirchengeschichte und religiöse Volkskunde 53. 1986, 181–195.

Scheible, Heinz: Überlieferung und Editionen der Briefe Melanchthons. In: Heidelberger Jahrbücher 12. 1968, 135–161.

Schilling, Heinz: Staatsrepublikanismus und Interimskrise. In: L. Schorn-Schütte (Hg.), Das Interim, 205–232.

Schmidt, Georg: „Teutsche Libertät" oder „Hispanische Servitut". Deutungsstrategien im Kampf um den evangelischen Glauben und die Reichsverfassung (1546–1552). In: L. Schorn-Schütte (Hg.), Das Interim, 166–191.

Schmoll, Heike: Lob der Elite. Warum wir sie brauchen. München 2008.

Schneider, Hans: Eine Summa der christlichen Lehre an den Landgrafen von Hessen. In: W. Heinemeyer (Hg.), Hundert Jahre Historische Kommission für Hessen, 1897–1997. Marburg 1997, 373–400.

Schorn-Schütte, Luise (Hg.): Das Interim 1548/50. Herrschaftskrise und Glaubenskonflikt. Gütersloh 2005.

Schwab, Hans-Rüdiger (Hg.): Philipp Melanchthon. Der Lehrer Deutschlands. Ein biographisches Lesebuch. München 1997.

Schwarz, Reinhard: Wie weit reicht der Konsens zwischen Eck und Melanchthon in der theologischen Anthropologie? In: H. Immenkötter/G. Wenz (Hg.), Im Schatten der Confessio Augustana, 169–184.

Seebaß, Gottfried: Der Abendmahlsartikel der Confessio Augustana Variata von 1540. In: J. Loehr (Hg.), Dona Melanchthoniana, 411–424.

Seebaß, Gottfried: Geschichte des Christentums III: Spätmittelalter, Reformation, Konfessionalisierung. Stuttgart 2006.

Skidmore, Chris: Edward VI. The Lost King of England. London 2007.

Stempel, Hermann-Adolf: Melanchthons pädagogisches Wirken. Bielefeld 1979.

Strohm, Christoph: Melanchthon-Rezeption im frühen Calvinismus. In: J. Loehr (Hg.), Dona Melanchthoniana, 433–455.

Stupperich, Martin: Osiander in Preußen. Berlin 1973.

Stupperich, Robert: Der Humanismus und die Wiedervereinigung der Konfessionen. Leipzig 1936.

Stupperich, Robert: Melanchthon. Berlin 1960.

Troeltsch, Ernst: Protestantisches Christentum und Kirche in der Neuzeit. Berlin 1909.

Wartenberg, Günther: Melanchthon als Politiker. In: G. Frank (Hg.), Der Theologe Melanchthon, 153–168.

Wartenberg, Günther: Philipp Melanchthon und die sächsisch-albertinische Interimspolitik. In: Luther-Jahrbuch 55. 1988, 60–82.

Wartenberg, Günther: Theologischer Ratschlag in Zeiten politischen Um-
bruchs. Die Wittenberger Theologen und ihre Landesherrn 1546/47. In:
A. Doering-Manteuffel/K. Nowak (Hg.), Religionspolitik in Deutschland.
Von der Frühen Neuzeit bis zur Gegenwart. Stuttgart 1999, 29–50.

Wendebourg, Dorothea: Reformation und Orthodoxie. Der ökumenische
Briefwechsel zwischen der Leitung der Württembergischen Kirche und
Patriarch Jeremias II. von Konstantinopel in den Jahren 1573–1581.
Göttingen 1986.

Wengert, Timothy J.: Gesetz und Buße. Philipp Melanchthons erster Streit
mit Johannes Agricola. In: G. Frank (Hg.), Der Theologe Melanchthon,
375–392.

Wetzel, Richard: Melanchthons Verdienste um Terenz unter besonderer Berücksichtigung „seiner" Ausgaben des Dichters. In: Philipp Melanchthon
in Südwestdeutschland, 101–128.

Wolf, Ernst: Luthers Erbe? In: Ders.: Peregrinatio. Studien zur reformatorischen Theologie, zum Kirchenrecht und zur Sozialethik. Bd. 2,
München 1965, 52–81.

Wolgast, Eike: Die Formula reformationis. In: L. Schorn-Schütte (Hg.),
Das Interim, 342–365.

Wriedt, Markus: Erneuerung der Frömmigkeit durch Ausbildung. Zur theo-
logischen Begründung der evangelischen Bildungsreform bei Luther und
Melanchthon. In: M. Arnold/R. Decot (Hg.), Frömmigkeit und
Spiritualität, 59–71.

Wriedt, Markus: Pietas et Eruditio. Zur theologischen Begründung der bil-
dungsreformerischen Ansätze bei Philipp Melanchthon unter besonderer
Berücksichtigung seiner Ekklesiologie. In: J. Loehr (Hg.), Dona Melanchthoniana, 501–520.

Zwingli, Huldreich: Sämtliche Werke. Leipzig-Zürich 1905ff., bisher 14 Bde. (Z)

Personenregister